AF142994

© BOD, 2021
Dépôt légal : juin 2021
ISBN : 978-23-22268-83-2

Yves Millet

ÉLÉMENTS POUR UNE POÉTIQUE DU VOISINAGE

dystopie - utopie - atopie

Essai

ARS PROXIMA

Du même auteur :

À l'Atelier des Cahiers
À l'occasion des rives. Essai sur les modalités du sensible, 2014
Poésie & paysage (sous la direction de), 2009
Arts & cultures du lieu (sous la direction de), 2007

Aux Éditions Le Manuscrit Université
Expérience esthétique & milieu, 2006

Photographie de couverture : Yves Millet
Conception graphique : Studio Qualia Carta
Édité en partenariat avec ARS PROXIMA

« Ce qui existe réellement, ce ne sont pas des choses,
mais des choses en train de se faire. »
William James

SOMMAIRE

UTOPIES / ATOPIES

« L'atopie est supérieure à l'utopie. »
Roland Barthes

Sans doute n'insisterons-nous jamais assez sur l'importance des photographies des missions Apollo, nous livrant des clichés d'une planète Terre isolée sur un fond d'immensité noire. C'est, il me semble, le moment clef d'un changement de paradigme, celui précisément inaugurant la prédominance de la notion d'atopie sur celle d'utopie. L'utopie demeure possible lorsque sur nos cartes, des zones vierges restent à explorer et donc à cartographier. Les différentes narrations modernes de l'utopie se nourrissent de l'indéterminé, du possible inconnu capable de motiver des incursions inédites. Elles cessent, en grande partie, à l'époque de Google Earth qui circonscrit notre monde sous l'angle d'une scrutation définitive. Ce que le programme Apollo avait initié, nos satellites d'observation et de communication vinrent y apporter une confirmation visuelle désormais reproduite à l'envi.

De manière concomitante à cette première perception que nous pouvons avoir du lieu circonscrit de notre existence, s'ajoutent les conséquences de ladite mondialisation économique à laquelle peu d'entre nous échappent. Qu'on le veuille ou non, cette dernière impose désormais aux échanges un flux tendu permanent qui se dérègle au moindre incident ou soupçon de rentabilité faible, engendrant des effets de panique globale provoquant des crises de plus en plus rapprochées. Toutefois, plus important, car sous-tendant les conditions de ladite économie, est la dimension écologique repensée aujourd'hui à l'aune de la notion d'anthropocène qui prend acte du fait que l'activité humaine a désormais un impact plus déterminant sur notre écosystème que les traditionnelles forces géologiques. Cette dernière impose une contrainte radicale : la nécessité supplémentaire, progressive mais absolue, de collaborer, d'adopter une culture de la restriction et du compromis dont le défaut nous conduirait potentiellement au risque d'une simple disparition. Autant dire, avec d'autres mots, que les débats et travaux depuis la COP 21, par exemple, paraissent signer la condamnation assumée des récits modernes chargés d'utopies progressistes dont nous payons tous aujourd'hui les errements.

En contrepartie, la notion d'atopie oblige, elle, à repenser ce champ de contraintes inédit évoqué précédemment. Son intérêt provient du fait qu'elle ne vient pas s'opposer frontalement à la notion d'utopie comme une alternative salvatrice. L'atopie n'est pas une notion d'opposition, mais une notion de différenciation interne. Plutôt que de se situer à l'opposé de l'utopie, elle vient travailler de l'intérieur nos acquis et habitudes. Elle propose, comme nous le verrons, une autre poétique, à savoir une pensée incluant d'emblée la dimension sensible ; une autre science et pratique du récit puisqu'elle n'opère pas tant dans la taxinomie ou la catégorisation, que dans la modulation au sein d'un monde limité. Elle nous paraît être un outil de pensée nous permettant de reconnaître l'importance de l'exploration, de l'inventivité ou de la création, mais à l'intérieur d'une pluralité indéfectible de mondes et d'acteurs, humains et non-humains. Elle oblige, par conséquent, à privilégier les singularités par rapport aux identités collectives simplificatrices, de même qu'elle oblige à repenser nos implications comme étant parties prenantes de processus en perpétuelle transformation, nous conduisant ainsi à abandonner des schémas stables d'interprétations dits universaux mais artificiels. C'est parce qu'elle est un outil de différenciation interne, formulation d'un *infini intensif* plus que d'un infini extensif utopique, que l'atopie est en mesure de nous rappeler à notre part commune.

I

POÉTIQUE(S)

« Le réel, doit être fictionné pour être pensé. »
Jacques Rancière

Sans doute est-il nécessaire d'interroger, par sondes successives, l'actualité sinon la possibilité des récits ou formes narratives qui accompagnent nos mutations contemporaines ; ces mêmes récits qui nous permettent de nous rendre sensibles aux nouveaux modes de voisinage au sein desquels nous sommes de plus en plus impliqués. Ces nouvelles formes de voisinage, ou plutôt leurs intensifications, si elles veulent échapper à une forme de dystopie, supposent notamment une autre formulation des notions d'identité et de territoire. La notion d'atopie peut nous y aider si, dans le même temps, est privilégiée l'expérience sensible, la seule, à nos yeux, capable de contrecarrer les conflits identitaires, et donc capable d'ouvrir à une certaine forme d'hospitalité, non pas tant envers une supposée *altérité* mais envers une certaine idée d'un monde commun.

Les différentes évocations d'une poétique de la multiplicité qui vont suivre, supposent que nous passions du binôme moderne individu/universel à une formulation modale associant singularité et commun. En effet, la notion d'atopie induit qu'en permanence toute singularité, et les différents degrés d'intensité qui la caractérisent, incarne conjointement l'actualisation, même confuse, d'une part commune qui ne désigne pas tant l'utopie d'une communauté harmonieuse que la reconnaissance des conditions de vie que nous partageons avec le non-humain.

Par ailleurs, une poétique peut aussi bien être de nature artistique que relever d'une attitude quotidienne. Autant toute pratique artistique touche à une certaine forme de narration de ce qui est, autant, au quotidien, on parlera davantage d'une manière d'être, d'un *ethos* ; mais les deux, au final, sont pareillement le sujet d'une *poièsis*, c'est-à-dire d'une élaboration de soi par soi qui, si elle est travaillée, peut éventuellement déboucher sur l'expression d'une politique. Poétique ou politique de l'intervalle, pré ou trans-individuelle dont l'expérience sensible, reste la porte d'entrée.

Tout intervalle est par nature atopique et, parce qu'il possède ce statut spécifique, il devient une précieuse opportunité pour questionner les possibles de notre implication dans cette même multiplicité qui nous compose. C'est cette *capacité modale* que la notion d'atopie est à même de caractériser pour notre époque car, plus que jamais, nous avons besoin d'une tierce pensée de l'indistinction ou de l'inqualifiable pour contrecarrer les différents régimes de littéralité, qu'ils soient religieux ou politiques ; ceux qui n'autorisent qu'une lecture unilatérale et empêchent tout un chacun de s'adonner au goût renouvelé du monde.

DYSTOPIES URBAINES

Ce début de 21ème siècle connaît déjà les défis qui l'attendent : une urbanisation de plus des deux tiers de l'humanité et les conséquences d'une gestion plus qu'hasardeuse de la planète Terre. Deux défis couplés qui désormais trouvent à se désigner sous la notion d'anthropocène. Il est toujours possible d'argumenter pour savoir si cette nouvelle ère, désignant l'impact irréversible des activités humaines sur la planète, débuta lors de la première révolution industrielle ou après 1945, néanmoins, la quantité de CO^2 dans l'atmosphère, celle des plastiques dans les océans, celle des substances toxiques dans les sols ou de la diminution drastique de la biodiversité – la liste est longue – font clairement que l'on ne peut désormais parler que d'un état de fait et non d'une hypothèse de travail.

Plus de 60 % de la population mondiale, nous dit-on, habite en ville ou, pour mieux dire, en zone urbaine. On ne peut, par conséquent, s'étonner que l'urbain soit une réalité dont la légitimité est peu remise en cause. En 2050, il faudra sans doute compter avec près de dix milliards d'urbains (environ un million de nouveaux citadins par semaine au rythme actuel), notamment en Asie et en Afrique. L'urbanisation serait par conséquent – soit par contrainte soit suivant l'idée que la concentration des individus favorise la création de richesses – l'expression contemporaine de l'humanité, c'est-à-dire l'espace et l'organisation par lesquels l'humain s'exprimerait d'un point de vue social, politique et culturel. Ceci, alors même que les nouvelles technologies de la communication permettent une dispersion spatiale ou une constellation inédite des acteurs.

Toutefois, LA ville n'existe pas. Il y a pluralité, autrement dit singularité concrète de chaque cas, de chaque dynamique d'urbanisation. *Les* villes donc, et non pas *la* ville, cet universel sans réalité. Parmi précisément les trois dynamiques qui touchent l'espace urbain aujourd'hui, à savoir la création de nouvelles villes, le renouvellement ou la requalification de quartiers entiers (qui induit le plus souvent les phénomènes de gentrification) et la densification, chacune relève d'une individuation particulière qui fait que chaque unité urbaine est spécifique, autrement dit, possède une identité qualitative propre.

Néanmoins, la perspective future envisagée pour le développement urbain s'apparente encore régulièrement à des images que l'on peut trouver dans un film tel que *Blade Runner* (1982). Après tout, nous avons là une projection de la ville de Los Angeles dans un futur déjà passé, 2019, ville qui s'annonce sous des allures d'immense étendue chaotique, sorte de mélange sombre des plus grandes mégapoles américaines et nippones ; ville baignée de pluies acides et où, à une population aux origines très diverses se mêlent de redoutables androïdes. Bref, une ville saturée, au bord de l'autodestruction, qui fait que l'on parle de ce film comme l'exemple par excellence d'une dystopie. Pour rester sur le continent nord-américain, de nombreux exemples de films documentaires témoignent du fait que l'horizon dessiné par *Blade Runner* aurait, en partie, déjà eu lieu. Des réalisations telles que *Foreign Parts* de Verenal Paravel (2010) ou *We Are Not Ghosts* de Mark Dworkin et Melissa Young (2012), ont déjà montré, à la suite de la crise des *subprimes*, à quel point la dystopie, plus qu'un genre artistique, est d'ores et déjà le quotidien de millions de personnes.

On parle aujourd'hui d'urbain généralisé, de ville diffuse ou de véritable région urbaine, plutôt que de ville à proprement parler. Nous pourrions, par exemple, relier les banlieues sud de Tokyo et de Séoul sans que l'on puisse y noter de véritables différences. Par conséquent, nous ferions face, à une échelle mondiale et sous l'effet de mouvements de populations considérables, à un risque d'anomie urbaine. La ville semble avoir perdu son sens de la limite, elle se trouverait comme privée d'une autorité régulatrice et législative, d'un *nomos*, garant à la fois de son identité et de son bon fonctionnement. Il est possible de penser que cet effacement progressif du sens de la limite corresponde à la disparition du sens de l'illimité qui lui était complémentaire. La ville en tant qu'espace organisé fut longtemps le pendant de ces espaces menaçants ou informes qu'étaient la forêt, les grandes plaines, voire les océans. Désormais, l'urbain ne s'oppose à rien puisque, nous le disions plus haut, Google Earth offre de notre planète une cartographie finie, d'une précision digne du meilleur jeu virtuel. Le procès de cette dérégulation a d'ailleurs été largement dressé par des auteurs désormais classiques, tels que Murray Bookchin, Mike Davis ou, plus encore, David Harvey, opposant cet éventuel « droit à la ville » revendiqué autrefois par Henri Lefebvre et les logiques inhumaines d'une urbanisation accélérée par les contraintes économiques du capitalisme mondial.

Ce qui peut conforter cette interrogation concernant la possibilité d'autres modèles pour la ville répond également à une double

contrainte : la première étant celle de devoir conserver des terres agri-
coles en nombre suffisant alors que la population mondiale ne cesse
de croître et, pour la deuxième contrainte, l'effet net de la contraction
d'un développement économique global de type *expansif* alors même
que nous passons d'une ère de la consommation à une ère de la restriction. Restriction des espaces de compétitivité, mais surtout, et plus
fondamentalement, restriction du fait que chaque objet produit demande une gestion parcimonieuse parce que les conditions mêmes de
sa production sont sujettes à caution : restriction quant aux usages
de l'eau, de la terre (pour le renouvellement des sols), ou encore de
l'énergie nécessaire à toute réalisation ; l'ensemble faisant sans doute
que nous sommes poussés, plus ou moins consciemment, à multiplier
les démarches collaboratives et autres mises en partage.

ANTHROPOCÈNE

Dès lors, quels récits pour l'anthropocène ? Alors que plus de
50 % de la biodiversité a disparu en l'espace de quarante ans, un large
corpus interroge la place de l'expérience sensible. Les sens, enfin per-
çus comme une dimension irréductible du vivant, y sont vus comme
pouvant être à l'origine d'une nouvelle conception de la responsabilité
de chacun, c'est-à-dire comme étant à la racine de nouvelles formes
de narrations cruciales au développement d'un *modus vivendi* à l'échelle
d'une communauté élargie. Ces relations entre l'expérience sensible et
la communauté des humains et non-humains, conjointement explo-
rées dans un nombre important de créations artistiques, d'enquêtes
journalistiques ou de recherches anthropologiques, soulignent l'importance qu'il y a à prendre en compte l'expérience sensible en tant que
condition nécessaire pour une existence viable de cette même communauté. Relier une approche artistique et les sciences sociales révèle
notre besoin d'un nouveau vocabulaire, de nouveaux concepts ou de
nouvelles narrations.

Car comment répondre à ce mélange de science et de politique au travers duquel, et de manière irréversible, nous donnons forme à la Terre, s'interroge notamment Bruno Latour ? Sa réponse – qu'il n'a cessé de développer depuis – est qu'il nous faut abandonner un rationalisme des faits *(matter of fact)* au profit d'une attention *(matter of concern)* [*Critical Inquiry* 30, 2004]. Cette réponse rejoint à juste titre celle d'Alfred North Whitehead, car les faits, insista dès 1919 l'auteur de *Procès et réalité*, en tant que construction, sont élaborés selon un schéma métaphysique ayant le plus souvent pour base la philosophie naturelle moderne. Cette dernière imposa ce que Whitehead nomma une bifurcation de la nature, à savoir le fait de penser séparément la conscience sensible que l'on peut avoir de la nature et ses interprétations causales de type scientifique. Par conséquent, insistent Bruno Latour et Émilie Hache, être contemporain des conséquences de cette bifurcation signifie apprendre *comment* répondre : « Du mot *respondeo* : je deviens responsable en *répondant* – par l'action ou par la parole – à l'appel de quelqu'un ou de quelque chose. » [*Raisons politiques*, 34, 2009]. Répondre à un appel implique d'apprendre comment y devenir plus sensible, c'est-à-dire développer une attention, ou une raison sensible, envers ce qui ou ceux qui appellent – et l'on peut étendre l'éventail en allant des coraux disparaissant, des arbres victimes d'une déforestation continue, aux réfugiés de guerre ou économiques et autres exilés du climat. La réponse ne suppose pas tant au premier chef la formulation de normes supplémentaires, que la prise en compte des récits qui témoignent de la réalité fine et plurielle de l'appel.

C'est pourquoi la réflexion esthétique contemporaine ne peut être séparée d'une réflexion générale sur la médiation politique. Images, performances ou récits peuvent être vus comme des véhicules au travers desquels la subjectivité devient consciente de son implication dans un milieu donné, alors que, dans le même temps, on tarde à tirer les conséquences de la situation présente selon laquelle, toujours selon Latour, nous entrons dans un monde post-naturel, et en conséquence post-culturel, puisque ces deux concepts sont les deux faces d'une même pièce : « Ne serions-nous pas passés d'une définition symbolique et métaphorique de l'action humaine à une définition littérale ? Après tout, c'est précisément ce que signifie le concept d'anthropocène : tout ce qui était symbolique est désormais à prendre de manière littérale. Les cultures avaient pour habitude de façonner symboliquement la Terre ; maintenant elles le font réellement. Plus encore, cette notion même de culture disparaît en même temps que celle de nature. Post-naturel, certes, mais également post-culturel » [London French Institute, 2011].

Reconnaître, autrement dit reprendre lien avec, est un des rôles principaux de l'art : montrer et nommer les choses afin de les faire exister, c'est-à-dire de les rendre parties prenantes de nos vies, composantes du temps de nos propres existences. Cette fonction est reconnue depuis l'Antiquité, c'est celle de la poésie. Aujourd'hui, cependant, un certain sens de l'urgence nous pousse sans doute à faire usage de moyens plus littéraux que métaphoriques. Il nous faut donc repenser le lien toujours présent entre politique et art qui pointe régulièrement les interrelations entre les régulations biopolitiques, qui limitent les actions individuelles, et les formes de récits, qui tentent de formuler un sens du commun, puisqu'en même temps que nous nous reconnaissons comme un simple maillon d'une chaîne complexe de vie, nous semblons nous évertuer à détruire les conditions qui la rendent possible.

RÉCITS DE L'INTERVALLE

Pour le philosophe Roberto Esposito, la biopolitique, autrement dit le tournant moderne où l'organisation de la vie publique prend pour modèle la biologie, se caractérise par « la manière dont l'entière sphère du politique, du droit et de l'économie se transforment en une fonction du bien-être qualitatif et de l'accroissement quantitatif de la population, purement considérée dans son aspect biologique : la vie devient l'affaire de gouvernement, dans tous les sens du terme, de la même manière que le gouvernement devient avant toute chose la gouvernance de la vie » [*Immunitas*, 138].

À ce titre, Le *Léviathan* (1651) de Thomas Hobbes joua un rôle pivot dans ce tournant car il refaçonna la relation entre le sujet – en tant qu'animal politique défini par Aristote – et les différentes autorités ou différents moyens de pouvoir, qui réglementent l'organisation et l'expression de la vie politique. Roberto Esposito montre comment la vision de Hobbes a pour base la peur, et comment, par conséquent, la peur bâtit une disjonction entre l'individu et la communauté en tant qu'espace public, puisque ce qui est commun n'appartient à personne en particulier. L'analyse hobbesienne – faite dans le contexte de la guerre civile anglaise, rappelons-le – fait de la communauté un synonyme d'anarchie, d'un risque de mort, de privation ou de perte. Il est par conséquent nécessaire, pour Hobbes, de donner une plus forte autorité au Souverain afin de gouverner et protéger les biens de chaque individu du risque de chaos. Depuis lors, pour Esposito, notre quotidien semble pris dans une oscillation entre, d'un côté, un processus d'immunisation capable de garantir l'intégrité d'un groupe et sa bonne gestion et, d'un autre côté, les aspirations légitimes à un sens de la communauté ; à savoir, d'un côté, un processus d'immunisation (*Immunitas*), processus ambigu car, à la fois, il protège mais également limite ou contraint chaque vie individuelle et, d'un autre côté, et en contrepartie, ce qu'Esposito nomme *Communitas*, à savoir « ce qui appartient à plus d'un, à plusieurs ou tout le monde, et donc est 'public' en opposition à 'privé' ou (…) 'collectif' en contraste avec 'individuel' » [*Communitas*, 3]. Le plus significatif, pour ce qui nous occupe, est en effet la réflexion du philosophe italien sur le terme romain de *munus* (don) duquel découle celui de communauté. Cette dernière apparaît davantage comme une expérience de désappropriation ou de don. Parce qu'une communauté rassemble ses membres dans une relation de réciprocité, elle tend à rendre floues les frontières entre ce qui est propre à chacun et ce qui appartient à tous et donc à personne

[*Immunitas*, 22]. Esposito souligne en permanence la nécessité d'un intervalle de désappropriation ou de don pour que la vie en commun soit pérenne sans pour autant devenir subjuguante. À la question de savoir comment ou sous quelles conditions il est possible de suggérer une ouverture dans cette relation quasi antinomique entre *Communitas* et *Immunitas*, la notion d'atopie a un rôle à jouer.

En effet, si la biopolitique marque l'entrelacement moderne du biologique (*zoe*) et du politique (*bios*), la gouvernance de la vie à l'âge de l'anthropocène, entendue comme étant la conséquence ultime d'une manière anthropocentrique de penser et d'agir, dans la perspective post-naturelle et post-culturelle envisagée plus haut par Bruno Latour, fait que tout devient politique dans le sens où tout relève de la sphère publique. La Terre elle-même devient politique dans la mesure où notre responsabilité ne cesse de croître. C'est, par ailleurs, la raison pour laquelle Hobbes continue d'être une référence significative puisque les altérations écologiques que nous vivons ne seront pas sans provoquer différentes manifestations de peur et de dépravation. Manifestations qui, en retour, provoqueront un accroissement des régulations et autres contrôles ; un plus grand Léviathan en quelque sorte[1]. Car Hobbes faisait de l'État un grand corps au sein duquel chaque sujet était un simple composant. Son pouvoir était de contrôler et de former les vies de ceux qui le composent et il devait être accepté par ces mêmes composants afin que ceux-ci puissent être protégés. Cette figure métaphorique du Corps-État peut être revue aujourd'hui au profit d'un Corps-Terre où la conception de l'individu en tant que sujet politique serait dérivée de l'expérience d'une part commune et non l'inverse. Chacun sait qu'un collectif ne se réduit pas à la somme de ses composants mais qu'il est, à la fois, le milieu et le déploiement exponentiel de ce qui le compose.

Cependant, pour aboutir à une telle conception, il est premièrement nécessaire d'encourager chaque individu à se concevoir différemment. En premier lieu, la biopolitique, entendue comme gouver-

---

1. Ce qu'illustre déjà l'actuelle pandémie de la Covid 19.

nance du vivant, allant au-delà de la seule dimension de l'humain et donc concernant toutes entités vivantes, aboutit à une notion de sujet politique étendue aux interrelations entre humains et non-humains en tant que partie intégrante d'un long processus d'interdépendance que nous devons admettre avoir négligé. L'enjeu est en effet de permettre d'élaborer des récits transindividuels à même de rendre effective une hospitalité élargie.

Il est possible de concevoir cette perspective sous un angle historique, comme le fit Michel Foucault, où l'élaboration concrète de toute subjectivité relève d'un processus de cristallisation de forces collectives historiques spécifiques. Mais il est également possible de la concevoir dans la perspective simondonienne où, au final, la notion de singularité se substitue à la notion d'individu. Grâce à cette substitution, nous nous éloignons de la dichotomie moderne entre individu et société. Faire une distinction entre réalités du sujet et réalités de l'individu nous permet de libérer un temps atopique où un sens de ce qui peut être à la fois commun et singulier a la possibilité d'être expérimenté. La notion de tels récits transindividuels est inspirée de ce que Gilbert Simondon nomme « des collectifs transindividuels », à savoir l'idée que chaque individualité demeure rattachée à une dimension préindividuelle, laquelle permet à l'individu de s'adapter et de se transformer en relation avec son milieu. Le concept de « collectif transindividuel », nous dit Simondon, « se distingue du social pur et de l'interindividuel pur » [*L'individu et sa genèse physico-biologique*, 165] et, précise-t-il, est possible grâce à l'émotion. En d'autres termes, tout être est le résultat d'un processus d'individuation durant lequel il se transforme via les informations cognitives et sensorielles d'un milieu donné passant d'un degré d'organisation préindividuel à une singularité ; quand bien même ce qui peut être nommé une singularité demeure en permanence dans un mode d'organisation métastable.

Plus précisément, la notion de transindividuel, qui fait de tout être une entité dynamique potentiellement en interrelation, ne signifie pas que nous ayons affaire à un processus de désubjectivisation, mais au contraire, à un processus de désindividuation, lequel, grâce à l'émotion, installe un intervalle entre l'intuition sensible préindividuelle de notre engagement collectif avec les réalités non-humaines et les limitations constitutives de l'individu. Les nouvelles formes de récit qui en résultent ravivent notre expérience poétique fondamentale d'être au monde, c'est-à-dire s'écarte de la perspective univoque de l'anthropocentrisme en embrassant un pluralisme concret de vues et de voix qui apparaissent de manière simultanée et à valeur égale en tant qu'entités composantes entremêlées, plutôt que dans le cadre d'un ordre hiérarchique hérité de l'humanisme classique.

Cette brève évocation de la biopolitique et de l'espace désigné par Roberto Esposito de la communauté [*Communitas*, 149] ainsi que de la notion de transindividuel de Gilbert Simondon, servent à la compréhension de la notion d'atopie. Non seulement, comme nous allons le voir, cette dernière fait le lien entre les domaines du politique et les domaines de la création artistique dont les récits à la fois se nourrissent et inspirent cette même communauté mais, également, elle introduit à une interrelation plus fine que celle pouvant exister entre individus et institutions, à une échelle de l'infra, celle de l'émotion pointée par Simondon, et qui fait de ce moment un intervalle à la fois neutre et plurivoque.

UNE EXPOSITION

En 2007, six artistes taïwanais présentèrent leurs œuvres au Pavillon de Taïwan de la cinquante-deuxième Biennale de Venise dans le cadre d'une exposition intitulée *Atopia*. Le seul fait que le commissaire d'exposition taïwanais, qui organisa cette exposition, emprunta ce titre au sociologue allemand Helmut Willke pour une exposition présentée à Venise, en Italie, suffirait à consolider l'idée que nous assistons désormais à un échange global et multipolaire fait d'emprunts et de citations et que les pratiques artistiques et sociales participent du même flux d'échanges mondial d'idées et de formes.

Pour commencer, un extrait d'un article de Jules Quartly du *Taipei Times* rapportant cette exposition :

> *Taïwan n'est pas une utopie ou une dystopie. Ce n'est pas un lieu. Diplomatiquement, elle n'a pas d'espace. Politiquement, elle n'existe pas. Nous ne pouvons même pas nous mettre d'accord sur son nom. (...) Le thème de l'exposition est l'atopie et réfère non seulement à la situation politique dans laquelle Taïwan se trouve mais également à une situation propre au 21ème siècle qui nous concerne tous. 'Atopia' renvoie à la situation postcoloniale dans laquelle nous nous trouvons. Nous sommes un pays depuis peu. Plusieurs autres endroits dans le monde sont ainsi : des nations sans nationalité, déclara le commissaire d'exposition Hongjohn Lin hier lors de la conférence de presse introduisant l'exposition taïwanaise à la Biennale de Venise.*
>
> *(...) Lin emprunta le terme d'atopie au sociologue allemand Helmut Willke, lequel le définit comme un non-lieu ou une société sans frontières. La globalisation, les compagnies multinationales et Internet sont en train de créer un monde dans lequel les marchés internationaux, les organisations non-gouvernementales et le multiculturalisme effacent l'importance du sentiment national. Lin a adapté le terme à sa propre cause en le relocalisant. L'artiste, universitaire et musicien dit que Taïwan était un état atopique par excellence.* [Le 24 mai 2007]

À partir de cet exemple, il est possible de souligner deux choses. La première est que la notion d'atopie semble être utilisée de manière appropriée comme concept exprimant une absence de lieu propre ou d'un monde sans frontières. D'un autre côté, le terme atopie est utilisé afin de souligner la situation relative à « une nation sans nationalité » pour reprendre les termes de Lin Hongjohn, organisateur de l'exposition. Autrement dit, cette notion est utilisée pour mettre en avant la crise identitaire ou le manque de reconnaissance qui résulte à la fois de la colonisation, des réalités multinationales et multiculturelles qui sévissent dans certains pays dont Taïwan. Alors que dans le premier cas, d'après le journaliste, le « a » de atopie semble avoir une connotation neutre, le commissaire Hongjohn lui donne une connotation privative.

En réalité, nous pouvons nous demander si les six artistes, Tsai Ming-liang, Lee Kuo-min, Tang Huang-chen, Huang Shih-chieh et VIVA, dont les œuvres font que cette exposition est possible, partagent effectivement le point de vue de leur curateur ou, comme c'est souvent le cas, si le commissaire n'utilise pas le travail des artistes pour imposer un regard idéologique. D'après le même article de presse, pour les artistes, l'atopie parait être une source d'inspiration stimulante, alors que pour Lin Hongjohn, ce terme est utilisé principalement en référence à une situation géopolitique négative. Les deux parties ne semblent donc pas parler tout à fait de la même réalité. Alors que l'organisateur fait usage d'un ensemble d'objets communément appelé « art » pour interroger les enjeux d'une identité politique, les artistes, quant à eux, semblent partir d'une situation donnée pour en faire usage et au travers de laquelle ils exprimeraient quelque chose à propos d'un état spécifique du monde qui les entoure.

Pourquoi cette divergence ? Certes, les artistes et les institutions ne participent pas à la même « distribution du sensible » (J. Rancière) ou, pour le moins, leurs récits s'élaborent à un niveau différent. Les artistes ne partent pas d'une préconception du rôle de l'art comme ce serait le cas pour les historiens, les conservateurs de musées ou commissaires d'exposition qui leur assignent un statut d'œuvre d'art *a posteriori*. En d'autres termes, si les premiers, l'historien et le conservateur, considèrent les formes d'un changement éventuel dans le mode d'expression, les autres, les artistes, s'intéressent aux modes d'expérience. L'important pour l'art n'est pas tant la représentation d'un objet ou thème spécifique (*topoi*), le *quoi*, mais davantage le *comment* ; comment toute chose est potentiellement le sujet d'une pratique artistique et comment, comme nous le rappelle par exemple Claude Simon, c'est l'agencement des composants en fonction de leurs *qualités* respectives, « les harmoniques, les dissonances, passages, dérapages, contrastes, etc. » [*Quatre conférences*, 59] qui fait l'œuvre d'art.

Nous avons ici affaire à une première acception du terme atopie, celle traduisant, souvent de manière négative, cet ensemble de réalités qui fait que l'on juge aujourd'hui notre monde sans frontière, globalisé. La notion d'atopie ne paraît-elle pas en effet correspondre le mieux à notre présent ? D'un point de vue général, dans les faits, sinon en droit, aujourd'hui, tout s'approprie et se reformule. Ce qui voudrait dire que le vocabulaire propre à chaque genre comme à chaque tradition se voit convoqué pour participer, sous formes diverses, à des créations relevant d'un métissage très élaboré. La création contemporaine n'aurait donc plus de lieu propre, elle serait rentrée dans l'intense circulation d'informations, de formes et d'actions qui caractérise nos sociétés et donc, plus généralement, notre pensée du politique. Certes, il serait aisé d'appeler cet art un art de la globalisation, contemporaine de l'actualité transculturelle que ladite mondialisation impose mais, il apparaît assez rapidement que parler d'une esthétique atopique ne peut se limiter à l'énoncé de réalités d'ordre socio-économique et doit être considérée comme un phénomène présent sur la longue durée, voire comme une constante. Car l'atopie, en plus de cet état de fait contemporain, apparaît également comme une condition propre à la création d'idées comme de formes.

Créer, c'est laisser surgir des combinaisons particulières porteuses de différence. L'emprunt et la citation furent toujours de mise, qu'ils furent artistiques ou sociétaux. Ce qui diffère est le fait qu'aujourd'hui, la création de nouvelles formes artistiques et/ou politiques est directement associée aux nouvelles technologies qui augmentent de façon considérable la circulation des images comme des informations ; circulation dont la densité crée parfois l'équivalent d'une seconde réalité. Le phénomène s'impose à nous par la *vitesse* de ces flux qui rassemble, en des temps et des lieux très rapprochés, des réalisations qui se voudraient singulières et n'exclut en rien le fait qu'il existe, à l'intérieur de ce phénomène général, une série de modulations non négligeables. Dès lors, faut-il penser négativement que, puisque tout est partout, rien n'est (de) quelque part, ou bien considérer cet ensemble de réalités comme une chance ? Ne faut-il pas considérer cette situation comme la manifestation de quelque chose d'autre en cours de réalisation ou, plus exactement, l'assurance définitive de son effectivité ?

Faut-il continuer à se lamenter sur un soi-disant nivellement des identités, ou ne vaut-il mieux pas avancer l'idée que, dans ce contexte, si la disparition d'une certaine forme de diversité est une évidence, dans le même temps, de nouvelles séries de différences se font connaître ? Chaque création conduit à une différentiation et son différentiel se couple à une variation d'intensité et non d'authenticité. Mieux vaut en saisir l'actualité, autrement dit, saisir à la fois la réalité présente et la manière dont ces créations s'actualisent, afin de rendre explicite la multiplicité des échanges qui paraît progressivement constituer une communauté plurivoque et à l'identité fluctuante. *Mobilis in mobili.*

Explorer la notion d'atopie en relation avec l'activité artistique conduit à admettre que ledit processus de globalisation délocalise le caractère simple ou homogène de l'identité des œuvres elles-mêmes. Placées en interaction à l'intérieur de réseaux interagissant, leur identité devient polycentrique ou hétérogène. Parallèlement, le statut de l'artiste change et sa propre identité est vécue comme définitivement plurielle. Notre « âge global » a pour caractéristique l'expérience d'une cohabitation avec un ensemble fluctuant d'objets et de signes qui sont la manifestation même de ce monde « rallié à sa totalité », écrivait Édouard Glissant [*Philosophie de la relation*, 26]. Toutefois, ces objets et signes, de prime abord, ne nous appartiennent pas, ils sont ce avec quoi nous acceptons, de manière plus ou moins délibérée, d'entrer en relation. Aussi, comme nous le verrons plus loin, une poétique du voisinage, si elle prend en compte ce commerce d'objets-signes ainsi que les corps qui s'y vouent, n'y adhère pas mais se place, au contraire, dans les interstices ou les failles qui peuvent apparaître à l'intérieur même de cette vaste circulation.

« L'atopie n'est pas l'utopie, un lieu autre, mais l'autre du lieu. »

Frédéric Neyrat

Précisons, avec Roland Barthes, la deuxième acception possible de cette même notion d'atopie. La première, rappelons-le, peut être rattachée à la longue tradition critique moderne. Elle exprime une absence de lieu ou de délimitations, et peut être utilisée pour qualifier une forme de crise identitaire relative à la mondialisation. D'un point de vue sociologique ou géopolitique, son usage est régulièrement négatif. Toutefois, cette tendance à universaliser ou globaliser tout trop vite nous empêche de porter attention aux modulations internes porteuses de différenciations créatrices. S'il existe bien des phénomènes témoignant d'une globalisation croissante, cette dernière est loin d'entraîner une uniformisation systématique.

La seconde manière d'entendre la notion d'atopie, telle que nous l'avons progressivement introduite, suggère qu'il existe un intervalle neutre entre à la fois le lieu (*topos*) et le thème (*topoi*) permettant de concevoir un temps où la conception d'une chose, d'un être ou d'un évènement ne correspond pas tant à l'exercice d'un jugement ou à une quelconque détermination intellectuelle, mais davantage à l'appréciation de ses différences intensives. L'atopie génère de l'inattendu, sans forcément être en rupture, puisqu'en même temps qu'elle participe pleinement du milieu duquel elle est issue, elle en propose une nouvelle formulation ou un nouvel agencement, pour reprendre un terme deleuzien. C'est pour cette raison qu'elle se dit sans lieu et inédite, sans thème, ces derniers venant s'identifier *a posteriori*.

ἀ-τοπος : se dit de quelqu'un, voire de quelque chose, qui est insolite, étrange, insensé, bizarre, contre nature, mal vu car difficilement assignable à un lieu, c'est-à-dire à une identité précise. Roland Barthes fut l'un des rares à faire un usage régulier de cette notion grecque utilisée notamment pour qualifier Socrate. Atopie, *atopos* ; littéralement : sans lieu. Il y aurait au moins deux angles permettant d'aborder cette notion. La première serait celle de la rhétorique, la seconde, celle de la physique.

Sous l'angle de la rhétorique, l'atopie marque une absence de *topoi*. Il faut renvoyer ici aux *Topiques* d'Aristote. Un topique est communément entendu comme un *locus communis*, il est « ce en quoi se rencontre un grand nombre de raisonnements oratoires portant sur différents sujets » [*Rhétorique*, II]. Or, parler d'atopie en ce qui concerne le discours oratoire revient à perdre *stricto sensu* le sujet ou thème (*topoi*), à propos duquel un commentaire ou une démonstration est énoncé. Atopique équivaudrait à athématique ; d'où l'idée de bizarrerie. D'une manière générale, elle équivaut à une disruption de la fonction prédicative. Un propos atopique est un propos qui ne fait pas sens commun, autrement dit sur lequel il est difficile de s'accorder. Ceci reviendrait donc à mettre le discours en situation de dérive, de digression permanente. Tout discours pour s'énoncer et pour être crédible, sinon convaincant (puisque nous parlons de rhétorique), a besoin d'un sujet clairement délimité ; afin de faire objet, il lui est impératif d'avoir un sujet clairement défini. À proprement parler, l'atopie vient *disqualifier* tout discours, elle lui enlève sa qualité première qu'est la cohérence, garantie de son efficacité. Il devient en quelque sorte un discours inqualifiable, dans le sens où il échappe à une prédication univoque.

En ce qui concerne la physique, le lieu (*topos*), nous dit toujours Aristote, est « la limite immobile et immédiate du contenant » [*Physique*, IV]. Ce qui donne le plus souvent à penser que si le corps est continu, le lieu de ce dernier l'est pareillement. Aujourd'hui, il paraît difficile, en termes de physique, de concevoir un corps identique à lui-même dans la durée. La constance d'un corps est un cas rare, un cas particulier de la transformation permanente de notre environnement comme de nous-mêmes. Toutefois, ce qui diffère n'est pas tant l'idée même de mouvement ou de transformation – idées largement reconnues par Aristote –, mais davantage celle de continuité, puisqu'aujourd'hui nous reconnaissons l'existence de discontinuités au cœur des phénomènes physiques. Or, reconnaître l'existence de discontinuités – que nous pensons créatrices – est précisément un des enjeux de l'atopie. La conception traditionnelle de la constance des corps comme des lieux est la garantie de la validité d'un discours s'exerçant sur n'importe quel objet, puisqu'elle permet de vérifier le contenu de l'énoncé d'une part, et autorise précisément la constitution d'objet (de pensée) d'autre part. Reste à savoir si cette qualité de permanence supposée permet de qualifier une chose ou un être, ou si, au contraire, le caractère stable n'est pas une conséquence de l'opération prédicative, autrement dit si ce n'est pas le discours qui crée l'objet, qui fait qu'il y a objet ; sorte de retour réifiant de la prédication sur la perception.

Le point de vue rhétorique et le point de vue physique sont néanmoins corrélés, car comment qualifier ce qui n'a pas de contours stables ? Si l'expérience quotidienne nous donne l'illusion d'une certaine idée de la continuité de l'objet appréhendé, autrement dit, favorise l'idée consolante d'une identité à soi-même – l'idée d'une permanence – nous savons que, dans le même temps, l'objet et notre relation à l'objet n'en demeurent pas moins de nature transitive. Aussi, une approche atopique bouleverse, sans les nier, à la fois nos appréhensions traditionnelles, nos usages et représentations coutumiers, des corps et des discours, de même qu'elle interroge l'idée même de limite définitive et d'immobilité. La notion d'atopie pointe un excès, puisque la vérité d'une chose, d'un être ou d'un évènement ne se trouve pas dans une quelconque identité à soi permanente, mais dans son déploiement ; un devenir producteur de discontinuités, c'est-à-dire, à nouveau, de différences créatrices.

Si l'étymologie d'atopie évoque un « sans lieu », un a-topos, ce « a » de « atopie » ne doit pas être perçu négativement, dans une dimension privative. Il faut l'entendre d'un point de vue neutre, d'un *temps neutre* qui s'installe à l'endroit du lieu et donc du sujet. L'atopie autorise un certain niveau d'indétermination à l'intérieur de l'organisation hiérarchique qui prévaut à nos classifications classiques, une sorte de suspension de l'univocité du sens en faveur d'une pluralité. « Le meilleur Neutre, écrit Barthes, n'est pas le nul, c'est le pluriel » [*Le Neutre*, 159]. L'indétermination devient la marque d'une potentialité. Le neutre est la marque d'un temps pendant lequel une chose existe comme pure expérience avant d'être saisie comme objet. Cependant, le marqueur chronologique « avant » ne doit pas être compris seulement en termes temporels. Il représente davantage une antériorité logique, la constante potentialité pour une chose de devenir le sujet d'une individuation singulière.

Une atopie serait la mise au jour d'une certaine part neutre du sujet. Ni un « je » identitaire univoque ni un « nous » collectif unilatéral, mais un « ça » : ça parle, ça écrit, ça crée… autrement dit, une part en nous non localisable, qui échappe à tout type de contrôle, qui s'échappe en créant. « L'inconnu, écrit Maurice Blanchot, (…) verbalement neutre, (…) est un rapport étranger à toute exigence d'identité et d'unité. Il échappe à la négation comme à la position » [*L'Entretien infini*, 440]. L'atopie, parce qu'elle favoriserait le surgissement de ce qui n'a pas encore de visage, appartiendrait au registre de l'affirmation ou à ce que Gilles Deleuze nommera une philosophie « sans négation » [*Différence et répétition*, 57][2].

« Le Neutre, écrit encore Roland Barthes, voudrait une langue sans prédication (…) le Neutre ce serait ça : l'imprédicable » [*Le Neutre*, 85]. Mais comment concevoir une langue sans prédication ? En d'autres termes, comment priver la langue de cette opération première qui fait toute son autorité ? Car priver la langue de la prédication revient à priver la pensée de tout objet. Barthes précise : la pensée d'un certain Neutre correspond à une « pensée des choses comme non prédicables, puisque l'objet disparaît au profit de la qualité : *monde de qualités non de*

---

2. Roland Barthes est proche de Gilles Deleuze en ce que tous deux tendent à rendre tangible ce plan préindividuel, antéprédicatif, neutre, qui se situe entre, pour Barthes, le chaos et le plan du paradigme ou de la loi et, pour Deleuze, entre le chaos et le plan de la dialectique ou de la représentation identitaire.

substances qualifiées, prédiquées » [*Le Neutre*, 88. Je souligne]. Le Neutre favorise un certain flottement, une certaine suspension du sens et, par là même, des catégories propres aux jugements que l'on porte sur ce qui nous entoure. Plus précisément, privilégier le Neutre reviendrait à privilégier une pensée du monde comme étant le théâtre de qualités dynamiques plutôt que celui d'objets substantivés. L'atopie nous laisse donc entrevoir une respiration où les qualités mobiles et discontinues nous procurent une raison suffisante pour dire que cette chose, cet être ou cet évènement existe d'abord en tant qu'acte libre de la conscience, avant qu'éventuellement il devienne un objet de jugement ou d'une quelconque détermination intellectuelle. Cette respiration n'est rien d'autre qu'un moment de poésie qui permet à une nuance ou variation d'émerger et de devenir la source de différences intensives.

L'idée est que le langage n'est pas méprisé pour ses supposées limites, mais plutôt qu'en portant notre attention à la bonne distance, cela nous permet de concevoir un temps antérieur à l'opération de l'intellect consistant à appréhender quelque chose en tant qu'objet, un temps pendant lequel cette chose participe d'une commune (ou neutre) dimension en tant que sujet indéterminé ou non-spécifié. Une chose, par exemple, ne devrait pas être pensée de manière restrictive comme étant uniquement un objet de connaissance. Les choses existent *avant* la connaissance abstraite que nous pouvons avoir d'elles et avant l'usage pratique que nous pouvons en développer. Même si elle est conçue comme cause d'un savoir, une chose est d'abord et avant tout un sujet libre en soi, c'est-à-dire libre de toute appréhension classificatrice.

D'un point de vue artistique, il existe non pas tant une part d'in-qualifiable, mais la possibilité de reconnaître une dimension de l'être où l'intensité prime sur l'exercice de la prédication qui restreint la capacité de résonance du langage lorsque la qualité y joue d'une certaine indétermination ; lorsqu'elle est flottante et nous permet de privilégier la nuance sur le sens, la plurivocité sur l'univocité. L'atopie ne serait donc pas tant une absence de *situation* qu'une *position* particulière. Une position, c'est-à-dire une condition du regard, de l'attention portée aux choses et aux êtres pensés en tant qu'évènements. On parlera au mieux de *situation*, lorsqu'il s'agira de penser son degré d'implication dans un milieu, et/ou de *position* transitionnelle lorsqu'il s'agira d'évoquer la singularité de son rôle au sein d'un ensemble interactif. À nouveau, il est nécessaire, pour ce faire, de penser selon un registre de conceptualisation de type modal et non disjonctif. Chaque mode correspond à une *situation* donnée singulière, et une *position* correspond à notre expérience de cette situation spécifique dont nous sommes partie prenante. L'atopie opère sur un mode anarchique, dans le sens où elle est l'expression d'une pensée dont le procès n'est assigné ni à une fin ni à la recherche d'une origine. Elle ne cesse d'opérer des décalages, par manipulations et accumulations d'incidences pourvoyeuses parfois de positions d'idioties [Jean-Yves Jouannais, *L'idiotie*]. Que les formes nous paraissent devenir atopiques, s'acquittant de tout lieu propre, n'est qu'un problème d'échelle. Si le monde est déploiement, les relations priment sur la forme, l'identité se constitue principalement dans le rapport à la mémoire des corps, dans la croyance qu'on lui accorde, dans l'investissement affectif dont elle est investie et qui, au final, déterminera le degré d'écart que l'on autorisera. L'atopie ou l'art de s'écarter de son sujet, comme l'on peut s'écarter de l'emprise de la signification, pour n'avoir jamais cessé d'être en présence de mondes fondés sur le flux, l'écart et les rétroactions ; ce que les formes artistiques d'aujourd'hui reconnaissent mieux que jamais.

D'un point de vue politique, la notion d'atopie est une conséquence de l'acceptation d'une part neutre, condition dans laquelle doit être maintenu, pensé, le réel. À cette situation répond une position qui est celle de pouvoir donner voix à l'infra ou aux micro-espaces de différenciations atopiques. Il faut à nouveau distinguer le terme d'utopie et celui d'atopie. De même, il conviendrait de distinguer les fictions utopiques (quel qu'en soit le genre) et un intervalle toujours présent que nous qualifierons d'atopique. Rien qui se voudrait le miroir décalé d'une société ou le dessin d'un monde idéal. L'utopie, dès son origine, est un contre-modèle et ne peut donc se comprendre qu'en fonction du modèle qu'elle critique. L'utopie est un outil opératoire, tout comme les oppositions du type culture/nature, civilisé/sauvage, etc. qui ont travaillé l'âge moderne. L'atopie, quant à elle, n'est pas un modèle, elle marque un excès des corps par rapport aux limites du lieu où il est censé exister et du langage censé l'exprimer. L'atopie ne serait donc pas une projection de civilisation dans un ailleurs, mais bien ce qui se réalise maintenant sans que quiconque puisse pleinement le définir. Par conséquent, le politique y est toujours implicite et, en cela, elle devient une autre manière d'interroger la notion de communauté. Il ne suffit pas de penser cette communauté plurielle par nature, autrement dit, faite d'une large diversité de composants ; il est aussi nécessaire de prendre en considération le fait que *chaque* sujet qui compose cette communauté (quelle que soit sa nature) est également pluriel. Ajoutons que dans les faits, ledit sujet est tout autant la somme de la pluralité dont il est composé que la somme des potentialités de cette même pluralité. Nous voyons comment un sujet n'est jamais réductible à la somme de ses propriétés (ou à celle de ses besoins de consommation correspondant à ces mêmes propriétés). Cette approche qualitative exclut tout principe d'identité parce que ce qui importe n'est plus la notion d'individu (le *je*) ou d'identité communautaire (le *nous*) en tant que catégorie absolue, mais les relations qui précèdent toute forme comprise comme marque identitaire, c'est-à-dire les processus d'individuation impliqués dans tout phénomène interrelationnel.

Par conséquent, le Neutre induit la pensée d'un fonds commun préindividuel à partir duquel émerge autant de processus d'individuation propres aux différentes singularités. L'intervalle atopique, vécu en tant qu'expérience de « l'être en-commun », est ainsi présent entre chaque composante de la communauté et à l'intérieur de chaque sujet qui la compose. La seule manière de procéder n'est pas de concevoir la communauté comme le rassemblement de différentes subjectivités, mais plutôt, comme Jean-Luc Nancy nous y invite tout autant, de la concevoir comme un intervalle où « *l'entre* de l'en-commun (…)

devrait être pensé au-delà de toute logique de la subjectivité », ce qui signifie qu'elle devrait être pensée en tant que « le lieu vide d'un intervalle. » Nancy insiste sur le fait que la communauté, à partir de laquelle il convient de « déduire le sujet », ne devrait pas être pensée en tant que substance mais en tant qu'expérience, en tant que condition plutôt que valeur [« *Cum* », 38]. Et au même philosophe d'illustrer cette idée avec l'expérience de la musique. En musique, en effet, l'intervalle nous fournit l'image du comment une singularité s'associe à la pluralité. Bien qu'une note puisse se concevoir clairement comme une entité définie, elle est également une vibration et non pas seulement un corps solide. Une note n'est pas une monade close. Les notes sont toujours interprétées en relation avec un milieu plus large d'autres notes avec lesquelles elles interagissent.

À l'instar d'une note, les lieux, puisque habités à la fois d'humains et de non humains, sont liés les uns aux autres selon des plus ou moins grands degrés d'implication. Par extension, il n'y a pas d'opposition entre le local et le global, mais seulement des différences modales intrinsèques. Séparer le local et le global, l'individuel et l'universel, est la manière usuelle et limitée de penser les questions de territoire et d'identité, mais si toute chose est bien locale, le local, lui, n'a jamais été clos mais a toujours présenté des degrés d'interrelation présentant des variations qui tissent le global et l'anime d'intensités singulières. La topologie nous fournit les moyens de saisir cette expérience. Contrairement à l'espace métrique, qui a pour base des distances mesurables, en géométrie topologique, le local et le global sont simultanément co-présents à l'intérieur de zones de voisinages. Il n'y a pas de distances me séparant du lieu où je suis, mais un continuum à l'image du ruban de Moebius, véritable complexe de relations où je suis dans le lieu tout autant que le lieu est en moi.

II

HOSPITALITÉ(S)

L'hospitalité, d'un point de vue général, peut être vue comme une manière de prêter attention au vivant. En cela, elle est un mode nécessaire à l'élaboration des récits dans le but d'exprimer la nouvelle échelle des interrelations entre humains et non-humains à l'intérieur de notre écoumène. Faire usage d'une notion comme l'écoumène dans nos sociétés contemporaines reste pertinent si l'on se souvient que des mots tels que 'économie' et 'écologie' en sont des dérivés.

L'hospitalité nous conduit à agir dans le cadre d'un *ethos* de la relation, un *ethos* de « l'être-avec », écrit Jean-Luc Nancy développant le concept du *Mitsein* heideggérien. De la même manière que Roberto Esposito insiste sur la notion de *munus*, Nancy évite l'antinomie hobbesienne entre le commun et le privé – laquelle implique des identités individuelles fixes associées à des propriétés tout autant supposées fixes – en mettant en avant la notion de *cum* présent dans le mot communauté. Les deux, au final, et de manière complémentaire, insistent sur la nécessité d'un intervalle ou espace modal entre le commun et le privé afin qu'un sens de la communauté émerge.

Si l'on débute avec cette idée d'une ouverture potentielle pour l'individu, une manière de répondre à l'appel de la vie, entendue à la fois dans sa dimension biologique et sociale, serait de pratiquer une certaine forme d'hospitalité envers ce qui peut paraître différent ou étrange, mais qui ne peut être pensé ni comme une altérité absolue ni comme étant complètement étranger. Personne ni rien ne vient d'ailleurs, personne ni rien n'est réellement un étranger. Étant donné que toute vie connue appartient à la même planète, laquelle peut définitivement être conçue comme notre sol commun, toute vie, toute chose, humaine et non-humaine est *de facto* notre voisin. Cette affirmation n'implique aucunement la négation de la pluralité de nos mondes. À l'évidence, une multiplicité de différences – que nous qualifions de modales – continue d'exister, mais il n'y a pas de place dans cette conception pour une altérité définitive.

Dans *De l'hospitalité*, Jacques Derrida souligne que, traditionnellement, le geste d'hospitalité implique qu'il existe un « maître de maison », un chef, un hôte ou un gardien du seuil ou de la famille capable d'accorder ou de dénier ladite hospitalité. Si, comme nous le pensons nécessaire, le propos de Derrida doit inclure les réalités non-humaines, pour autant que l'on fasse usage d'une perspective non anthropocentrique ou d'un point de vue post-culturel et post-naturel, alors, la nouvelle réalité est que, en dépit des prétentions des êtres humains, ces derniers ne sont pas les maîtres de la maison. La maison est en-commun, il s'agit d'une maison commune où humains et non-humains ne peuvent être séparés sans danger pour la vie elle-même.

Dans sa description de la relation entre hospitalité et responsabilité, Derrida souligne également qu'un acte d'hospitalité engage l'hôte. En recevant ou invitant quelqu'un, l'hôte devient responsable de la personne invitée. Il doit se préparer – même potentiellement – non seulement à répondre à toutes sortes de questions venant de la personne qu'il reçoit, mais également se préparer à répondre à toutes sortes de questions provenant de la communauté dont l'hôte fait partie, laquelle peut ne pas être d'accord avec l'invitation. Ce faisant, conclut Derrida, l'hôte devient otage de celui qu'il accueille au sens éthique du terme. Aujourd'hui, devant l'urgence de simplement maintenir les conditions de déploiement du vivant, et plutôt que de conserver l'idée d'un quelconque étranger ou d'une quelconque altérité, il nous revient de repenser plus largement cette responsabilité liée à l'hospitalité en pratiquant les meilleures relations de voisinage possibles entre l'humain et le non-humain ; les deux n'étant nullement étrangers l'un à l'autre, mais coacteurs de leur survie.

RHAPSODIE

Quelle peut être aujourd'hui la validité de la notion d'hospitalité à l'heure où nous sommes potentiellement le voisin de tout le monde, à l'heure où l'espace topologique (celui des zones de voisinage informatique) se superpose, sinon se substitue, à l'espace métrique (celui des distances géographiques) ? À l'heure donc d'un voisinage généralisé, d'une cohabitation obligée, de l'ère des voyages – à savoir ceux de l'exploration, ceux de la découverte et de la conquête avec dans sa boucle l'expansion coloniale mais également ceux du tourisme naïf – ne nous faut-il pas apprendre à vivre à une échelle commune, alors que désormais, la planète entière sur-réagit en permanence, aussi bien aux manifestations d'ordre géopolitique qu'écologique ?

Quelles seraient les caractéristiques de cette poétique du voisinage qui viendrait comme supplanter la poétique du voyage relevant de la découverte de nouveaux horizons et de cultures autres ? Il reste néanmoins entendu qu'historiquement, ni la poétique du voyage ni celle du voisinage ne furent ou ne seront majoritaires. L'horizon de la majeure partie des populations continue d'être local mais, bien que minoritaires, ces deux poétiques furent, sont et seront ce qui oriente la pensée et, avant tout, les imaginaires. Aujourd'hui, d'un point de vue esthétique, il est aisé de relever les formes narratives permettant d'appréhender cette nouvelle réalité où, nous dit Peter Sloterdijk, « le signe caractéristique de la globalité établie est l'état de voisinage forcé avec d'innombrables coexistants de hasard » [*Le Palais de cristal*, 254]. Après avoir amplement pris en charge l'imaginaire du voyage, la littérature a progressivement saisi dans ses formes de nouveaux modes narratifs où la multiplicité des points de vue se tisse. Le cinéma, à son tour, développe cet art polycentrique du voisinage qu'est la forme chorale dont nous sommes à la fois les témoins et les acteurs.

Une poétique du voisinage oblige à penser le monde, non à partir de composantes délimitées selon un ordre serein d'identités stables, mais à partir des constantes interférences entre les différents collectifs. Les frontières ne sont pas des lieux mais des intervalles d'expérience, sinon d'expérimentation, où le monde, dans sa multiplicité, se compose, se crée transitoirement.

Le monde, qui pour Heidegger était « le jeu de miroir de la simplicité de la terre et du ciel, des divins et des mortels » [*La chose*, 214], dans lequel nous nous affairons et où il convient de composer avec ses voisins – qu'ils soient, encore une fois, humains ou non-humains – demande assurément davantage d'intercesseurs pour être saisi. En un mot, la simplicité du quadriparti (*das Geviert*), chère à Heidegger, cède la place à une complexité plus grande ou, plus exactement, à une pensée où la dynamique des multiples imbrications qui font monde est de nature complexe. À l'horizon d'un monde aux distances réduites et aux lendemains bouleversés, les mortels cohabitent davantage qu'ils n'habitent. L'histoire des Temps modernes, résume Peter Sloterdijk, « (…) met en œuvre l'explicitation de la Terre dans la mesure où ses habitants sont peu à peu instruits du fait que les catégories du voisinage direct ne suffisent plus à interpréter la coexistence avec d'autres et avec autre chose dans un espace élargi. Elle met en œuvre la catastrophe des ontologies locales en dissolvant l'ancienne poésie de la domesticité. (…) [Désormais] villes et paysages se transforment de facto en étapes d'une circulation débarrassée de frontières dans lesquelles le capital moderne et allègre avance sous cinq avatars : marchandises, argent, texte, image, et notoriété » [*Le Palais de cristal*, 48-49].

Nous sommes aujourd'hui en mesure de comprendre des personnages de fictions de différents pays, alors qu'au préalable, ils nous auraient paru pour le moins lointains sinon étrangers. Sans doute parce qu'à la différence de la distance du documentaire qui fait de ses sujets des objets d'observation ou d'étude, les personnages d'œuvres chorales notamment (romans, séries ou films) ne sont pas des vecteurs d'explication ou de véridiction mais de simples distributeurs de micro-évènements, de détails accumulés porteurs d'une « profondeur de poésie », écrivait Édouard Glissant. Partant, du point de vue esthétique, nous ne serions plus tant dans une époque des représentations, celles des cartes géographiques, des tableaux historiques ou narratifs de la peinture ou des romans d'initiation, que dans celle d'une *composition* au sens musical, d'une tentative désespérée d'orchestrer cette nouvelle forme de cohabitation devenue planétaire. La différence apportée par ce type de narration polycentrique porte pour l'essentiel sur le fait que les personnages ne sont pas en eux-mêmes porteurs d'un sens ou du sens de l'œuvre elle-même, mais qu'ils sont avant tout montrés *en situation* dans le temps empirique de l'expérience.

Nous pourrions parler de tissage, d'entrelacs savant ou de kaléidoscope. Ce processus, s'il n'est pas nouveau, devient de plus en plus significatif du point de vue de cette poétique du voisinage que nous tentons de dessiner. L'agencement narratif, qui correspond à la nature polyphonique de ces récits, se présente sous les traits d'un développement fait de télescopages, de résonances internes, d'entrelacements. Aussi, nous pourrions trouver le motif premier ainsi que la tonalité propre à ce type de narration chorale dans ce genre musical très particulier qu'est la rhapsodie : apparente improvisation, déroulement contrasté par les humeurs des différents personnages paraissant offrir une série de variations libres. Rappelons que d'un point de vue classique, la rhapsodie fait figure de fantaisie désordonnée, non seulement du fait qu'elle puise son inspiration dans des sources populaires, mais surtout parce que, du point de vue de l'équilibre de ses parties, son développement présente un aspect quelque peu chaotique. En un mot, une rhapsodie rompt avec l'unité de ton et de lieu, ses dissonances sont quelque peu suspectes vis-à-vis de l'art de l'arrangement de la musique tonale précisément parce que son ordre ne correspond plus aux règles harmoniques de cette dernière. La rhapsodie tire sa dynamique du jeu interne des frontières, des frottements entre différentes humeurs, du télescopage des tonalités qui se raccordent entre elles non plus selon un enchaînement de parties fixes aux identités calibrées, mais en fonction d'un régime d'intensités, d'abîmes et de sommets émotifs.

Nous pourrions dire que la rhapsodie met en rythme la multiplicité, qu'elle fait de l'hétérogénéité son moteur en se ponctuant largement d'éléments modaux. Historiquement, on y retrouve les motifs de l'errance – de la bohème, des chants ou rythmes tziganes – qui lui donnent cette apparence de désordre, de compilation plus ou moins bien agencée. Nous nous y sommes fortement accoutumés depuis Liszt, Bartók ou Ravel pour la rhapsodie elle-même, mais surtout depuis le travail de variation et d'improvisation du jazz ou de pliage de la musique contemporaine où, pour reprendre les mots de Gilles Deleuze et Félix Guattari, « on va du modal à un chromatisme élargi non tempéré. On n'a pas besoin de supprimer le tonal, on a besoin de le faire fuir. On va des ritournelles agencées (territoriales, populaires, amoureuses, etc.) à la grande ritournelle machinée cosmique » [*Mille plateaux*, 432]. Rhapsodie dans le sens où l'on n'y juge ni ne dénonce véritablement quiconque ou quoi que ce soit, mais on y rend sensible la multiplicité du présent, ses états de dysfonctionnement et/ou de recomposition. Nul héros, nulle rémission. Jeu des circonstances qui parfois autorise des éclats d'enthousiasme.

L'errance n'est pas le voyage. Elle est ce que l'on pourrait nommer un voyage différentiel, dont le but ne serait plus la recherche d'une différence extérieure, mais un parcours qui, *de l'intérieur*, ouvrirait un écart propre à un nouveau mode de cohabitation qui pourrait s'étendre à une cohabitation planétaire, sous la forme d'un voisinage généralisé. « La pensée de l'errance, résume Édouard Glissant, n'est pas l'éperdue pensée de la dispersion mais celle de nos ralliements non prétendus d'avance, par quoi nous migrons des absolus de l'Être aux variations de la Relation (…) » [*Philosophie de la relation*, 61]. L'errance déterritorialise, crée des intervalles qui échappent à la fois à un *topos* et à une thématique (*topoï*) définitifs et qui sont les deux conditions nécessaires à la constitution d'une conception traditionnelle de l'identité. L'errance semble davantage avoir affaire avec l'atopie et, cette dernière, conduit à penser une autre forme contemporaine de « l'être-avec ». En effet, si l'utopie correspond à un âge moderne dont le moteur est la promesse d'un futur meilleur dans un espace encore à découvrir et/ou à créer, l'atopie, elle, prend acte de la globalisation des espaces et ne propose que des différences modales à l'intérieur de l'ensemble définitivement circonscrit qu'est aujourd'hui notre planète. Par différences modales il faut entendre des différences de degré dans l'intensité plus que des différences de nature. Longtemps sous-estimée ou, tout du moins, installée dans un rapport de subordination à la puissance taxinomique de la différence de nature, la différence de degré correspond à une variation qui fait nuance, là où se trouve les voix mobiles et parfois encore indistinctes de la multiplicité et de la poésie : « Depuis que le monde s'est ainsi rallié à sa totalité (…). » Il nous faut entrer, écrit Édouard Glissant, « dans un infini détail, et d'abord nous en concevons de partout la multiplicité, qui est inétendue, et qui pour nous est indémêlable, et sans prédiction. (…) Le détail n'est pas un repère descriptif, c'est une profondeur de poésie, en même temps qu'une étendue non mesurable. Ces inextricables et ces inattendus désignent, avant même de les définir, la réalité ou le sens du Tout-monde » [*Philosophie de la relation*, Respectivement 26-27 et 28].

Une poétique du voisinage est l'opportunité d'une différence qui ouvre de l'intérieur un écart propre à un nouveau monde de cohabitation. Elle insiste sur le fait que cette distance interne implique un autre sens du commun. L'art du voisinage, à l'heure d'un âge global, correspond à l'élaboration d'une modulation qui n'est ni la proximité fusionnelle du Même ni la conception radicale d'un Autre. Une poétique du voisinage n'est pas davantage synonyme de chaos car elle s'accompagne d'une conscience autre de ce qui (nous) relie et de comment les relations opèrent, parce que précisément elle implique de penser et de prendre en charge le 'co' de la cohabitation ou celui de la coexistence. En d'autres termes, nous ne serions plus voisins de quiconque en particulier, en tant qu'autre et en opposition auquel nous nous définirions, mais voisins de tout un chacun. Reconnaître, comme peut le faire Jean-Luc Nancy, que nous sommes d'emblée « singulier-pluriel » implique également qu'il est nécessaire de concevoir une nouvelle distribution des modalités d'existence entre distance et proximité, et qu'il est donc nécessaire de créer les conditions sensibles pour que, sous les symétries et cloisonnements supposés, les lignes s'entrecroisent et fassent évènement. C'est en cela que de nouvelles formes de narration s'imposent à la formulation d'un sens du commun, afin que de nouvelles pratiques de la co-existence s'instaurent progressivement par l'intermédiaire de ces mêmes fictions polyphoniques et, qu'au final, ce sens du commun surgisse de lui-même et soit en mesure de s'exposer politiquement à lui-même.

LE CAS DES JARDINS COMMUNAUTAIRES

> « La discontinuité est une modalité de la *relation.* »
> G. Simondon

Revenons à la ville qui, pour chacun, est d'abord expériences sensibles et relationnelles. Partir de l'expérience permet de reconsidérer les conséquences des différentes planifications expertes, dont les réalisations passées et malheureusement encore actuelles, semblent nous avoir conduits aux formes de dystopies présentes au nom de l'efficacité fonctionnelle. S'il nous faut parler d'utopie ou de ville rêvée, la nouvelle utopie de la ville serait précisément là, dans un rapport qualitatif ou, plus précisément, dans le réseau de rapports qualitatifs qu'elle peut instituer. Cette individuation n'a pas de principe unique ou privilégié. Elle est le plus souvent le résultat d'une multitude de facteurs de nature relationnelle tels qu'en témoignent les travaux de l'écologie sociale.

Ce que l'on nomme ville est l'intrication en devenir d'êtres humains associés à des réseaux non-humains dont les degrés de matérialité sont multiples, allant du réseau des égouts à celui quasi immatériel des flux d'informations et des applications des téléphones mobiles, en passant par la végétation, les animaux qui la fréquentent et la nature des intempéries qui peu à peu la (re)modèle. Une ville ne peut obtenir ce titre que si elle peut générer des expériences sociales et esthétiques dignes de ce nom – dans le cas contraire, elle n'est que la matérialisation d'un parcage humain... c'est-à-dire une dystopie, quelle que soit sa taille.

Savoir si la ville fait objet ou bien est sujet, c'est là une ligne possible d'investigation qui marque un point de basculement. Objet ou sujet dans le sens où, d'un côté, la réalité d'une ville a toujours pu relever d'une perspective la considérant en tant qu'objet entre les mains desdits spécialistes, gestionnaires et autres urbanistes et, d'un autre côté, elle relève tout autant de micro-initiatives auto-organisationnelles de la part de ses habitants, devenant ainsi sujet pour et par elle-même. Les enjeux de l'autonomie de certaines zones urbaines, voire de certaines pratiques autogestionnaires ou d'autosuffisance, sont particulièrement d'actualité à l'heure où les mégapoles elles-mêmes tendent à s'affranchir progressivement des pays dans lesquels elles se trouvent, devenant les pôles quasi exclusifs d'échanges socio-économiques. Qu'il s'agisse de l'expansion ou de la densification massive des zones urbaines, les vitesses de mutation se sont considérablement accélérées. Ce qui se passe en Asie ou en Afrique, a peu à voir avec le temps long d'élaboration de nombreuses villes européennes ou nord-américaines. Dans ces continents en développement, l'espace urbain y est plus que jamais un espace en transition, les chantiers y sont incessants, les confiscations et les procédures d'expulsion souvent brutales et les flux de population en déséquilibre. Toutefois, nous assistons, comme en contrepoint, à quantité de microphénomènes d'autorégulations internes qui peuvent être le fait de populations aisées ou vivant en périphérie dans des bidonvilles. Les fondements dynamiques de l'espace urbain y relèvent davantage d'une organisation horizontale que verticale. En parallèle, dans de nombreuses villes de pays dits développés, sous l'effet d'une conscience écologique plus aiguë et d'une exigence de qualité de vie différente que celle proposée par le seul consumérisme, émergent quantité de micro-initiatives citoyennes indépendantes tels que les jardins communautaires. Ajoutons que, pour relativiser un éventuel clivage Nord/Sud, depuis la dernière crise de 2008, les contraintes économiques touchant les pays riches – sans compter la prise de conscience aiguë que la sphère de la spéculation financière n'aura jamais pour conséquence d'améliorer leur quotidien – poussent les habitants à développer des formes d'entraide telles que l'habitat participatif ou coopératif.

Sous ces multiples visages, c'est bien une vision de l'urbain comme organisme complexe, théâtre de tensions permanentes entre un système de régulation et des énergies contradictoires, qui tend à prédominer. Dans les faits, une ville n'a jamais été autonome, mais toujours en relation avec d'autres villes. Cette vérité échappe à la vision utopique d'une planification *in extenso* des formes, mais aussi des modes de vie urbains dont certains cabinets d'experts pouvaient avoir la tentation. Dès 1970, Gregory Bateson appelait à une « distribution de la souplesse » afin que ce qu'il nommait notre civilisation urbaine sorte du cul-de-sac dans laquelle elle se trouve. Pour lui, l'urbain ne devait plus être pensé en fonction de paradigmes propres à l'âge moderne, mais en tant qu'écosystème : « Tenter d'interdire certains empiétements, c'est bien, mais ce serait mieux d'encourager les individus à prendre conscience de leur propre liberté et de leur souplesse, de façon à ce qu'ils en usent plus souvent » [*Vers une écologie de l'esprit*, 310]. Il nous encourageait à penser l'urbain comme un système vivant et à prendre en compte les phénomènes permanents d'autocorrection qui l'anime.

Une des voies est l'intégration de l'habitant-acteur en tant que facteur de réinjection constante de nouveauté processuelle et/ou informationnelle contre la rigidité de l'habitude et le spectacle d'une politique « par procuration » ; c'est en cela aussi que l'on diffère de la pensée utopique. La santé écologique d'un système implique la durée alors que la plupart des expériences utopiques ne durent pas. Pourquoi ? Ce n'est pas dire que le droit d'expression des habitants n'y est nullement présent. Lorsque, par exemple, Robert Owen conçut *New Harmony* (Indiana) entre 1826 et 1827, des structures de dialogue existaient, mais elles furent soit trop spéculatives soit trop régulatrices. Le plus souvent, au lieu d'accompagner l'hétérogénéité, elles tentaient de la réguler vers une homogénéité des pratiques et des comportements, au nom précisément d'une sorte de principe transcendant qu'est l'harmonie. Si *Eunomia*, déesse dit-on de l'ordre légitime, a des attraits certains, elle oblige souvent à une distorsion de l'hétérogénéité des faits comme des acteurs. Aussi, parler de la ville comme expérience, ou bien vouloir mettre en avant la dimension qualitative de l'espace urbain, n'est pas proposer une utopie à moindre coût, sorte de version bon marché d'un rêve social, mais bien vouloir échapper à l'idée même d'utopie. Penser l'utopie pour la ville, c'est demeurer prisonnier de schèmes dialectiques entre unité et pluralité, entre identité et représentation, ou entre limite et illimité. Ces derniers conduisent à envisager l'utopie sous le modèle de l'insularité, de l'isolement expérimental, et ne peuvent qu'engendrer des contre-représentations, en un mot, de nouvelles utopies.

En outre, il serait possible d'affirmer que l'autre utopie concomitante, celle du progrès, a effectivement eu lieu, qu'elle est désormais réalité, si l'on admet, avec Peter Sloterdijk, que ladite mondialisation n'est autre que l'achèvement de la « mobilisation totale » [*La mobilisation infinie : vers une critique de la cinétique politique*, 2000] des espaces et des ressources dont nous sommes devenus plus que jamais responsables, alors que, dans le même temps, sous l'effet de la croissance et de la question de la subsistance de la population mondiale, s'impose aux espaces urbains la nécessité d'une densification plutôt que d'une expansion. Quoi qu'il en soit d'un dépassement des modèles de la modernité pour la ville et pour l'idée même d'utopie qui l'accompagne, nul ne peut s'extraire très longtemps des contraintes écologiques actuelles. Mieux vaudrait inciter à des singularités atopiques correspondant à des processus autonomes basés sur une succession d'initiatives locales, ayant pour origine une implication des habitants eux-mêmes en tant qu'acteurs de leur environnement, comme les nombreuses initiatives d'agriculture urbaine peuvent nous le montrer, plutôt que l'application d'un plan ou l'adaptation à une planification généralisée. Autant d'atopies urbaines devant se penser non comme des contre-représentations de ce qui peut exister, mais comme l'épreuve d'une redistribution qualitative de l'espace habité, afin d'être en mesure de vivre la ville comme source d'expériences qualitatives renouvelables.

Le changement d'usage, que vient qualifier par exemple la revalorisation des jardins ou potagers urbains, correspond précisément à un passage allant d'un espace fonctionnel à un espace de partage de communauté. Il correspond à un saut qualitatif. Ce qui veut dire qu'en ce qui concerne l'espace urbain, nous passerions – sans antinomie – d'une ville fonctionnelle à une ville de l'habiter. « Habiter ne désigne pas seulement le fait de vivre dans un lieu, insiste Émilie Hache, mais de participer à une vie sociale, à une communauté, cette définition pouvant inclure une dimension émancipatrice » [*Écologie politique*, 267]. La ville dite moderne fut trop souvent vue comme une organisation de fonctionnalités, de réseaux d'habitations, de productions de richesses, de circulations d'énergies et de communications devant répondre à des usages, et qu'il suffisait de parfaitement gérer pour que la population fût satisfaite. C'est ce que nous serions tentés de nommer le « syndrome SimCity ». Mais, à l'évidence, une ville ne peut être réduite à cette seule dimension. Elle peut tout autant être la résultante de pratiques pour celui qui l'utilise, qu'une expérience esthétique pour celui qui y habite ou la visite. Les plus beaux plans d'urbanisme ou bâtiments ne suffisent jamais à faire qu'une cité vive, c'est-à-dire qu'elle soit perçue comme « vivante ». Et ici, le qualificatif de « vivant » est loin d'être neutre dans le sens précisément où une expérience esthétique est, comme le dit John Dewey, « le résultat, le signe et la récompense de cette interaction entre l'organisme et l'environnement qui, lorsqu'elle est menée à son terme, est une transformation de l'interaction en participation et en communication » [*L'art comme expérience*, 60]. C'est bien, en premier lieu, ceux qui habitent et composent *avec* une ville qui font et vivent l'identité qualitative de celle-ci.

Aussi, à partir des nombreux jardins communautaires (*community gardens*) ou jardins sur les toits d'immeubles (*urban rooftop gardens*) qui existent depuis plusieurs années dans les villes nord-américaines de Seattle à New York, en passant par Vancouver ou Montréal, mais aussi, désormais, sur tous les continents, dans des villes telles que Tokyo, Singapour, Caracas, Londres, etc., nous pouvons déduire un point significatif : dans le cadre de ce que l'on pourrait nommer une réappropriation citoyenne, il existe une constante, celle de la plurifonctionnalité. C'est-à-dire, l'idée d'un usage multiple possible pour un espace donné [exemple type : le toit d'un immeuble moderne]. L'espace doit satisfaire en même temps à des besoins pratiques *et* répondre à des contraintes administratives ou écologiques, ainsi qu'à des exigences qualitatives de vie sociale ; les mêmes potagers ayant pour but également de servir à l'éducation concernant l'alimentation ou la gastronomie. L'idée centrale est que ces jardins ou potagers communautaires urbains prennent en charge des espaces intermédiaires, négligés par la modernité, précisément parce que sur le plan urbanistique et architectural, la volonté moderne d'avoir des « espaces purs » signifiait des espaces à usage unique. On retrouve ces jardins désormais aussi bien sur des toits, des terrasses, des berges, des bas-côtés de voiries, des friches d'entrepôts abandonnés, voire des espaces de récréation transformés partiellement en potagers, à l'instar des *Victory Gardens* de la Seconde Guerre mondiale, lorsque les citoyens américains étaient encouragés à jardiner pour participer à l'effort de guerre. Ces espaces intermédiaires sont proprement atopiques, dans le sens où ils font figures de pure potentialité, n'ayant ni délimitations ni attributions précises, échappant aux déterminations de lieu et de thème. Nous pourrions parler d'espaces inqualifiables parce que leur propre est pluriel ou non univoque. Ils ne répondent plus au sens moderne de l'identité. Espaces impropres, sans réel propriétaire, délaissés, disqualifiés, dont le nouvel usage initie des expériences concrètes. Ce n'est pas tant qu'ils retrouvent une identité qu'une fonction. Cette dernière étant encore une fois polyvalente. Les motivations à l'origine de ces jardins/potagers sont en effet multiples : elles peuvent relever de la contrainte ou du loisir, elles peuvent être économiques, éducatives, affectives, politiques, esthétiques, et sont, le plus souvent, toutes à la fois. L'hétérogénéité, si elle est première, demeure telle. Chaque réalisation mériterait une approche distincte, mais ce qui nous importe, c'est que du point de vue politique, ces potagers se placent dans un entre-deux novateur, dans des interstices de l'urbain qui, par effets rétroactifs, recréent un sens du commun.

Si définir un espace relève d'une abstraction, un lieu, au contraire, est un espace qui fait lien. Ces nouvelles formes de communautés participatives se « territorialisent » en première instance à partir et dans des espaces volontiers polyvalents. Elles s'en emparent, se les approprient, en les transformant en des lieux relationnels, et donc qualitatifs, dans le sens où les habitants deviennent acteurs du saut qualitatif qu'ils désirent donner à leur vie sur un mode qui s'envisage selon des principes le plus souvent délibératifs. Ces atopies participatives, qui ne s'élaborent le plus souvent que provisoirement ou transitivement sur un mode expérimental, s'opposent à la conception moderne du vouloir planifier, des espaces univoques, à identité unique : un toit est un toit et non *est* un toit (et) un jardin (et) un lieu de rencontres. En réalité, un espace atopique n'est qu'un espace commun ou, pour mieux dire, un espace-*temps* qui permet à des interactions communes d'émerger. En cela, elles peuvent être perçues comme autant d'expériences de réappropriation de ce que Roberto Esposito, reprenant l'étymologie du mot commun, appelle le *munus*, c'est-à-dire le temps du don, du devoir d'abandon de l'idée de propriété nécessaire à l'expérience d'un bien commun non encore singularisé, et dont l'individuation potentielle est sujet à une hybridation permanente. Le mot communauté ne doit pas tant s'entendre comme un projet, que comme un milieu d'action. Le « en-commun » n'est pas seulement à réaliser, mais est, dans sa potentialité, au départ de tout. C'est, à nos yeux, l'erreur de l'orientation utopique que de vouloir retrouver une prétendue unité, fraternelle et sans limite, en négligeant la réalité de la nature hétérogène de ce qui existe déjà. Pour que l'expérience même du commun s'initie, il faut qu'elle demeure de nature hétérogène et dissipative. Désencombrer le déjà-là des processus d'immunisation décrits par Esposito où, « ce qui demeure en commun n'est rien sauf une mutuelle séparation » [*Immunitas*, 13], et dont les principes fondateurs se trouvent déjà assumés dans la philosophie politique moderne d'un Thomas Hobbes, devient un des possibles de l'urbain les plus actuels.

Métastabilité urbaine et communauté

> « L'individu n'est à proprement parler en relation
> ni avec lui-même ni avec d'autres réalités ;
> il est l'être *de* la relation, et non pas être *en* relation,
> car la relation est opération intense, centre actif. »
> Gilbert Simondon

Dépasser une certaine modernité, c'est revoir l'ensemble des catégorisations qui définissent les identités classiques supposées immuables, en un mot, parvenir à penser une ville en tant que réalité métastable : voir comment une ville se compose et se recompose en permanence, mais par paliers, effets de feed-back et phases d'équilibre successifs ; voir comment elle s'individualise à partir de la pluralité qui la compose. Une ville comme expérience signifie que toute zone urbaine doit être conçue à partir de ses habitants qui *composent* quotidiennement avec la singularité de cet espace, et dont la multiplicité à la fois en tant que foule, en tant que pluralités des rapports entre ces mêmes sujets qui constituent ladite foule, mais aussi en tant que pluralité ontologique dont leur réalité individuelle en tant que personne se compose, fera donc ce que l'on nommera ville et ce qu'elle devient. Penser l'urbain, reviendrait à penser le *comment* de cette multitude de réalités intermédiaires, c'est-à-dire penser les intervalles qui sont la condition pour que nous soyons en mesure de partager un espace commun voire de faire l'expérience de ce que Simondon nomme un collectif transindividuel.

Lorsque la densification comme contrainte revient à une intensification comme qualité, nous pouvons parler de densification qualitative. Aussi, nous l'avons vu avec Bateson, il est préférable de tendre vers une flexibilité plutôt qu'une normativité excessive. Ce que l'on nomme encore ville est, aujourd'hui, à la recherche d'un nouveau *nomos*, de nouvelles normes capables de qualifier, sinon de prendre en charge, cette sorte d'hybris de flux de circulation et de réseaux numériques en boucles (dits sociaux) qui saisit aujourd'hui la plupart de nos mégapoles. Par conséquent, il ne paraît pas superflu d'insister sur le fait que les populations, qui se réapproprient aujourd'hui des espaces cultivables, le font dans les interstices, les failles, voire sur les ruines d'une économie qui a refusé de gérer sa financiarisation à outrance. L'exemple de la ville de Détroit, ex-grand bassin industriel nord-américain, est à ce titre exemplaire.

Karl Marx notait, à juste titre, que le prolétariat est né avec l'accélération de l'expropriation. C'est en effet lorsque l'on sépare une population donnée des moyens de sa survie alimentaire que cette dernière se rend disponible à la production industrielle et est contrainte de s'urbaniser. Or, via ces espaces laissés-pour-compte et réinvestis le plus souvent par les laissés-pour-compte, les populations urbaines se redonnent des moyens de survie et/ou d'amélioration de leur quotidien alimentaire par une mise en commun de ces franges de terres non préemptées. Une réappropriation qui n'est pas uniquement d'ordre alimentaire, mais qui fabrique du sens, car créatrice de pratiques qui sont source d'une diversité d'expériences.

En résumé, une ville ne peut être pensée comme expérience que si elle est perçue ou vécue comme qualité ; qualité dont le différentiel se mesure en termes d'intensité. La qualité, nous le voyons, ne se résume pas à des bâtiments à haute valeur architecturale ni au travail de belles perspectives urbaines valorisantes pour l'espace urbain d'un point de vue fonctionnel et esthétique. Nous aurions alors un chapelet de points denses mais non reliés entre eux. La plus-value qualitative apparaît lorsque le point d'intensité individuel se relie à un milieu d'interactions.

La question de la qualité ne revient pas tant à souhaiter benoîtement une élévation du niveau de vie pour les zones urbaines présentes ou à venir, que de comprendre les enjeux de ces phénomènes micro-différentiels : « Le lieu du sujet politique, précise justement Jacques Rancière, est un intervalle ou une faille : un être-ensemble comme être-entre : entre les noms, les identités ou les cultures » [*Aux bords du politique*, 90]. Ces nouveaux modes d'être en commun, d'intermodalités, doivent être avant tout pensés comme des temporalités qui impliquent dans leur jeu social des objets concrets. Ce qui est significatif avec l'exemple des jardins communautaires, ce n'est pas tant l'espace du jardin que l'on voudra écologique, mais comment, disons une plante, de sa plantation à sa récolte, devient agent, ou actant (et non plus objet) dans un réseau d'échanges entre des sujets eux-mêmes devenus acteurs. En d'autres termes, si en devenant agents les objets ne sont plus objets, alors les individus, eux, deviennent acteurs, c'est-à-dire créateurs d'eux-mêmes ou, autrement dit, non interchangeables. Les éléments constituant ces potagers sont autant d'intercesseurs, de véhicules d'échanges narratifs, dont le résultat sera possiblement nommé communauté. Une fois encore, le sentiment du commun – car il résulte en premier lieu d'une expérience sensible – émerge de processus ou de dynamiques non prédiqués, atopiques. Lorsque ces mouvements sont arrêtés, sur-encadrés ou sur-légiférés, les dynamiques d'échange et de transformations ralentissent ou cessent d'elles-mêmes.

Aussi, du nœud réunissant expérience sensible et anthropologie peut se déduire une vision autre du politique et une notion de citoyenneté revisitée. Sorte de citoyenneté sensible à partir de laquelle il conviendrait de reprendre l'élaboration ainsi que les narrations de nos interrelations au sein d'espaces urbains, tels que des villes-monde comme New-York ou Singapour, où le sentiment diffus de citoyenneté ne relèverait plus tant d'un État, que de hubs polyphoniques dont les ondes s'étendent à l'échelle du monde dans son ensemble.

Qu'est-ce qu'un citoyen à l'échelle d'une ville-monde ? Un habitant de cités-planète ? Que faire de nos « droits de cité », de nos droits civils et politiques, si nous nous trouvons de moins en moins en relation avec un État particulier, garant de ces mêmes droits ? La mobilité est désormais trop grande, et il est de plus possible de dire que n'importe qui, aujourd'hui, a potentiellement le droit et/ou prend le droit de cité ; c'est-à-dire ici qu'il a, à sa disposition, tous les moyens de rendre publiques non seulement son existence, mais également ses opinions. Droit de cité qui n'est pas le droit de participer à la vie de la cité en exerçant son droit de vote notamment, mais droit à l'expression individuelle au sens où, en plus du droit superficiel d'aimer ou de ne pas aimer (*like* ou *dislike*), celui de régulièrement convoquer, informer ou contester certains faits ou informations au travers de différentes plate-formes et forums. D'où, peut-être, le fait que la politique politicienne se transforme de plus en plus en une sorte de gestion des opinions publiques, venant interférer à plus ou moins bon escient entre culture et économie, seuls véritables pôles d'une société si l'on en croit Mallarmé qui affirmait en 1894 que « tout se résume dans l'esthétique et l'économie politique » [*La Musique et les Lettres*].

Or, de nos jours, « le partage du sensible » (J. Rancière) se trouve amplement bousculé, du moins se voit-il renouvelé depuis sa réinterprétation romantique du sublime et les réalités urbanistiques contemporaines. La photographie d'abord, puis le cinéma – en ajoutant aujourd'hui la puissance d'internet et des réseaux sociaux – provoque une collusion participative entre expérience sensible et expérience politique où, potentiellement, toute narration, autrement dit médiation de l'expérience sensible, devient la condition nécessaire à une forme d'appropriation ou de réappropriation de l'espace public. Elle permet à un groupe (quelle que soit sa taille) de revendiquer un espace au nom de l'expérience quotidienne qui continue de s'y inscrire. Cette accumulation d'expériences correspond à une épaisseur existentielle au cours de laquelle un espace est devenu lieu. On a pu voir, par exemple, de nombreux habitants s'émouvoir de la disparition de leur barre HLM au nom, précisément, de cette épaisseur narrative partagée. À l'évidence, cette force des micro-récits quotidiens dépasse parfois les critères esthétiques, sinon de salubrité, de ces lieux d'habitation car ils sont doublés en permanence par ces reporters, écrivains, photographes ou cinéastes qui parcourent la ville et dont les œuvres sont autant de supports à cette appropriation narrative ; effet de boucle auto-constitutive entre ville et fiction, aboutissant parfois à des effets de nostalgie.

Toutefois, qui dit narration dit temps nécessaire aux récits de s'élaborer ; difficile, voire impossible, lorsque le provisoire est la règle. Quelle narrativité dans un camp de réfugiés ou lorsque l'on vit en bordure, dans l'exclusion forcée, dans l'enchaînement de déménagements contraints par la hausse des loyers ou au trente et unième étage d'une tour climatisée, quelle soit un hôtel ou un complexe d'habitation ?

L'habiter, c'est le temps nécessaire à son récit et non uniquement une question d'organisation spatiale. Le surplus qualitatif pour un espace urbain est tout autant une question de temps que d'espace, de temps donné pour habiter un espace, c'est-à-dire de faire lieu par l'échange matériel, social, langagier ; temps d'installer une mémoire plus que le plaisir furtif de traverser ponctuellement un design urbain. Les acteurs de l'écologie sociale et de la gestion des communautés (*design community*), par exemple, savent combien il faut du temps pour que les habitants renouvellent leur manière de penser leur environnement quotidien et acceptent premièrement de le faire. À cet égard, toutes les formes de récits exemplaires sont nécessaires. Elles permettent de créer ou de renforcer l'idée qu'un changement est possible et que les habitants se saisissent d'exemples de ce qu'il est possible de faire dans leur quartier, à l'intérieur de leur voisinage le plus proche. Ces récits, que transporte aujourd'hui principalement la Toile, permettent à la fois d'établir un précédent et une mémoire qui donneront confiance et aideront à accepter ou à renouveler certaines initiatives. L'échelle de l'écologie sociale est microsociologique et, par conséquent, micropolitique. Elle est basée sur le dialogue ainsi que sur les récits disponibles, afin qu'un sens du commun émerge et puisse se développer, évitant ainsi que ces dites zones urbaines deviennent des espaces mondialement interchangeables et, au contraire, (re)deviennent ce que nous pourrions nommer des lieux de société, de véritables « cités » [du grec *polis*, π ό λ ι ς].

III

LA PART COMMUNE

« On ne peut parvenir à une idée non utopique de la démocratie
qu'en partant de la communauté comme fait. »

John Dewey

Pour tenter de formuler une réponse ou, pour le moins, une so-
lution permettant de penser notre actualité commune, nos sociétés
font régulièrement usage des figures de l'utopie, de la dystopie et de
l'atopie. Chacune de ces narrations semble répondre à une motivation
particulière, à savoir, pour l'utopie, une motivation politique, pour la
dystopie, une motivation morale et, pour l'atopie, une motivation esthétique. Toutefois, à l'évidence, aucune des trois est composée uniquement d'une dimension politique, morale ou esthétique. Aussi, il
serait plus juste de dire que, parmi les trois composantes propres à
chacune de ces trois formes de récits, chacune présente une orientation dominante.

En l'occurrence, si ces trois formes de récit demeurent complé-
mentaires, sans doute s'agit-il de réévaluer, à nos yeux, la primauté
de l'atopie par rapport à l'utopie et à sa contre formulation qu'est la
dystopie. Privilégier l'atopie, nous l'avons vu, est tout d'abord réintro-
duire un troisième terme permettant d'échapper à une alternance dialectique entre utopie et dystopie de laquelle nous peinons à sortir. Le
récit dystopique prend en charge la dissolution du commun, alors que
l'utopie narre sa forme idéale. Le récit atopique, lui, crée la possibilité
de l'émergence d'un sens du commun, non tant en voulant favoriser
l'imagination qu'en voulant (re)partir de l'expérience sensible. L'idée
d'une part commune n'est en effet nullement un acquis, un fait donné.
Elle s'élabore à partir des multiples expériences singulières.

En d'autres termes, l'utopie et la dystopie, par la virtuosité abstraite de leurs modèles, ont régulièrement pour effet de nous laisser hors-sol, alors même que ce que désigne la notion d'anthropocène nous convie urgemment à renouer avec les manifestations simples, sinon les enjeux, d'une dimension commune. Nous constatons chaque jour nos difficultés à sortir de cette exploitation planétaire des espaces et de ressources dans laquelle nous entraînent les pans les plus cyniques du néolibéralisme. Sur les campus américains, certains se penchent déjà sur le jour d'après, tentent d'élaborer des représentations de l'après extinction définitive des espèces – la nôtre au premier rang – ou bien débattent de la pertinence qu'il y aurait à accélérer au plus vite les conséquences des dérégulations économiques du capitalisme, d'en précipiter les enchaînements catastrophiques, pour être en mesure de faire émerger une voie nouvelle. Or, entre la révolte, le désespoir ou le cynisme, l'atopie est celle qui narre le moins, car elle défonde les conditions de l'abstraction pour un suspens du sens au profit des sens. En cela, dans une perspective contemporaine, elle peut se rapprocher de la pensée écologique si l'on comprend de suite que l'écologie n'a, en soi, que peu affaire avec cette hypostase abstraite qu'est LA nature, mais qu'elle s'occupe davantage de la nature des relations que nous pouvons avoir et développer avec les différents composants du milieu que nous occupons. Plus précisément, elle se concentre sur la *qualité* de ces interrelations de voisinage existantes entre l'humain et le non-humain. Pour toutes ces raisons, l'art et le politique – axes privilégiés mais non exclusifs – ne demeurent pertinents que s'ils interrogent en permanence la *manière* dont ils opèrent.

En ce qui concerne le politique, penser l'atopie aide à penser nos modes de gouvernance. Cette gouvernance relève de la pensée complexe et non binaire. La sensibilité atopique est une sensibilité au milieu en tant qu'espace de qualités et d'intensités transitoires. Les formes narratives qu'elle peut adopter sont concomitantes de celles en mouvement et transindividuelles de la pensée créatrice. Il est possible de dire que la démocratie véritable parait davantage être le résultat de pratiques modales que celui d'un système particulier de gouvernement. À nouveau, toutes ces questions correspondent, ni plus ni moins, à la *manière* (qui ne s'oppose nullement au contenu mais qui le détermine) et qui est relative à ce que l'on nomme gouvernance puisque, contrairement à gouvernement, le mot gouvernance implique de prime abord une dimension qualitative. Cette réintroduction du *comment* au détriment du *quoi* dans l'espace de cohabitation sociale, politique et environnementale est la seule capable de laisser émerger une part commune de laquelle toute véritable création émerge. Il s'agit de savoir comment l'on passe du représentatif au participatif, voire au collaboratif, où l'élaboration de récits transindividuels est l'opportunité pour la multiplicité du vivant d'avoir une voix ; chance pour une réelle démocratie du sensible d'émerger. Mieux vaut comprendre qu'il ne s'agit pas là d'une forme protopolitique, dans le sens où ces diverses pratiques n'auraient pas trouvé de forme de représentation définitive, mais l'inverse : ce sont les formes représentatives du politique qui apparaissent désormais comme protopolitiques. Un système représentatif est certes concevable lorsqu'il a pour unité de référence l'abstraction d'un individu adulte à la rationalité inébranlable, mais quid de cette forme représentative lorsque le même individu se vit lui-même comme un sujet à l'identité définitivement plurielle et fluctuante ?

Le rôle de l'art, quant à lui, serait dès lors de déplier la polyphonie de ce qui peut faire monde, d'en réitérer la multiplicité originelle ramenée par trop souvent à des classifications simplificatrices. L'art, écrivait Roland Barthes, égale une « pratique fine de la différence » [*Le Neutre*, 60]. Son rôle serait de savoir détecter, déplier et rendre sensibles ces intervalles présents en permanence et qui sont occasions de poésie. Une poétique du voisinage se dessine à partir des zones intermédiaires où les intensifications ont lieu, où les intervalles sont créateurs sans qu'ils soient par nature exclusifs. L'expérience sensible, lorsqu'elle est consciente et intégrée, sinon médiatisée, a capacité à faire évènement en tant qu'intensité. Dès lors, par retour, la médiation propre aux différentes formes artistiques susceptibles à la fois de traduire l'implication sociale de chacun et de venir renforcer « l'interaction en participation et en communication » [J. Dewey], est d'emblée politique, dans le sens où l'expérience esthétique participe dès son origine d'une dimension commune et, comme nous y avons insisté, est impliquée dans un réseau collectif allant au-delà des seules réalités humaines.

PENSER HORS SUJET

> « L'atopie se tient dans les traits d'union qui relient
> ces trois mots (hors, de, soi). »
> Frédérique Neyrat

Sans doute faut-il privilégier la figure de l'opticien à celle du géomètre, car remplacer la géométrie (et son goût des ensembles) par l'optique revient à réfuter l'idée de perfection et de permanence d'une forme abstraite qui viendrait – comme par exemple dans le schéma hylémorphique – informer la matière. À l'inverse, l'optique propose une conception modale de l'appréhension cognitive et sensible ; d'un rapport ouvert entre *distance* et *proximité* car, ce qui est en jeu dans une telle variation de focales est bien la nature et la condition du regard comme de l'écoute. En musique, le juste intervalle entre les sons permet d'isoler une note ; diminuez ou agrandissez les intervalles et vous obtenez un bruit de fond. Toute forme (même provisoire) est d'une manière générale relative à une certaine échelle, à une certaine distance. Approchez très près et vous avez affaire à un mouvement perpétuel, une sorte de tourbillon dans lequel l'idée même de forme se dissout. De même, si l'éloignement est trop important, vous n'aurez qu'une masse indistincte perdue au milieu d'un ensemble encore plus vaste. Toute œuvre est un point d'équilibre.

La notion d'atopie autorise, ce que nous pourrions nommer avec Michel de Certeau, le « défi d'un délié » [*La Fable mystique*, 49], l'équivalent d'une déraison souveraine qui ferait que l'on agirait et penserait hors sujet, autrement dit, sans constituer d'objet. Dans le tissu d'évènements du quotidien, l'atopie se situe par-delà forme et fond, elle est dans le jeu libéré, pré-individuel, de flux d'émergences. En cela aussi, le « défi d'un délié » est un autre nom possible pour une certaine forme de subversion qui serait le fait d'être en déprise par rapport au sens ou, plus précisément, par rapport à cette forme d'autorité qu'est la nécessité de toujours devoir faire sens. Qu'est-ce que penser hors sujet ? Penser hors sujet (*topoi*) signifie, premièrement, penser et agir dans une instance qui rompt avec l'identité supposée du corps et de son lieu (*topos*). C'est ne pas accepter cette réciprocité identitaire (objet-lieu) comme un fait établi ou, si l'on préfère, la concevoir comme un *mode* possible mais non exclusif, et c'est, deuxièmement, savoir l'aborder dans sa dimension transitoire. Un délié n'est autre qu'une modulation. Il induit de penser de l'intérieur les différentes vitesses de contrainte et d'information dont chaque entité est affectée. Mettre en avant l'idée d'une disruption ou suspension du sens n'est ni revendiquer l'absurde ni tendre au nihilisme. Au contraire, c'est reprendre en amont l'expérience du monde, au plus près de ce qu'elle est, en la réinvestissant de la pensée complexe à même de pouvoir restituer des schèmes d'interprétation plus pertinents puisque prenant en compte la pluridimensionnalité des expériences et les effets rétroactifs des différents récits dont ces expériences sont tissées.

Pour résumer, une poétique du voisinage est au cœur de la triade : identité, milieu, langage, où il ne s'agit pas tant de réduire l'usage du langage au profit d'une philosophie pratique, mais de placer ce langage dans une relation ouverte dont on acceptera la part d'incertitude. Réduire donc l'usage du langage identitaire, autrement dit, penser que toute individualité ne peut concevoir une certaine autonomie uniquement parce qu'elle participe du même dynamisme qui anime le milieu qu'elle habite. Individualité et milieu n'ayant qu'une réalité relative, la réalité de chacun d'eux est autant dans leur lien que dans l'équilibre que leur relation doit maintenir séparément pour leur perpétuation. Nous ne formons en définitive qu'un champ d'interactions.

Lorsqu'elle se contente des effets de masse et de la réalité abstraite issue de ses moyennes statistiques, la sociopolitique a régulièrement pour défaut de penser l'individu comme préconstitué, alors que ses micro-interactions avec le milieu sont constantes et font de lui au mieux une « position d'équilibre » pour reprendre les mots d'Henri Michaux : « Il n'est pas un moi. Il n'est pas dix moi. MOI n'est qu'une position d'équilibre. » L'individu pensé tel qu'il est aujourd'hui, à savoir comme unité de référence à partir de laquelle toute organisation sociale doit s'organiser, engendre des conséquences majeures : elle ne fait que renforcer la dimension marchande et fragmentée de nos sociétés. L'unité numérique que représente l'individu constitue, en effet, la cible parfaite de l'industrie publicitaire où l'individu n'y fait figure qu'en tant qu'*ego* réduit à des besoins. Censée répondre à ses attentes, la publicité devient le plus souvent la cause de ces mêmes désirs – réalité renforcée par le *big data*. Le procès n'est plus à faire. Elle renforce du même coup une logique identitaire du « Moi » à l'exclusion de toute pensée d'une politique du commun. Il faut remonter aux analyses de Gabriel Tarde pour rencontrer une microsociologie où l'individu joue un rôle central d'innovation parce que son identité est conçue à l'opposé d'une entité figée, en constante interaction avec d'autres individualités, elles-mêmes constamment impliquées dans des processus d'individuation. « Exister, écrit-il, c'est différer, la différence, à vrai dire, est en un sens le côté substantiel des choses, ce qu'elles ont à la fois de plus propre et de plus commun. Il faut partir de là et se défendre d'expliquer cela, à quoi tout se ramène, y compris l'identité d'où l'on part faussement. » [*Monadologie et sociologie,* 72-73]. La notion d'identité est habituellement pensée en termes de gain ou de perte, d'addition ou de soustraction, rarement en termes de démultiplication. Une identité ne se sépare pas de l'expérience que l'on en fait. Plus qu'une forme, elle est d'abord une fonction. Elle possède une dimension performative. À défaut d'unité numérique stable, il conviendrait de ne plus parler d'individu, mais de sujet. Le sujet en tant que singularité modale doit être distingué de l'unité numérique que représente l'individu. De même qu'il conviendrait de partir de la part commune pour penser l'individuation de toute singularité. En d'autres termes, l'identité du sujet n'est pas réductible au rassemblement comptable de ses propriétés, mais doit être comprise dans le déploiement intercorporel de ses qualités. Le sujet aurait pour nécessité de parler de lui-même à la première personne du pluriel et de se *mettre en œuvre*, selon une configuration qui lui est propre. Le commun, quant à lui, qui, une fois encore, s'élabore plus qu'il ne préexiste, n'a pas de valeur propre. Il est neutre. Notre responsabilité est de continuer à le penser comme tel, c'est-à-dire de limiter autant que possible toute emprise anthropocentrique, afin que les règles les plus élémentaires de voisinage ouvrent à l'idée d'une communauté qui ne se pense ni dans un rapport de similitudes ou d'exclusions, mais sous un rapport d'autant de variations, de métissages ou d'hybridations possibles qu'il existe d'interférences.

Ce qui, pour finir, retient l'attention est l'idée que l'intervalle atopique se présente comme une des modalités fines du sujet contemporain, tout comme elle qualifie dans le même temps l'intervalle dynamique entre *topos* et *topoi*, c'est-à-dire entre le lieu supposé d'une chose, d'un être ou d'un évènement, et la catégorie supposée en définir l'identité. Ceci revient à dire qu'aucun des trois (chose, être ou évènement) ne peut être réduit aux seules coordonnées « lieu et/ou thème », elles-mêmes subdivisées respectivement en coordonnées « espace-temps » et/ou en coordonnées « sujet-prédicat ». Or, si nous sommes bien en train de prétendre à une certaine vérité et que cette vérité concerne notre relation sensible au monde, il est possible alors d'admettre que quelque chose peut trouver une occurrence en deçà ou au-delà de ces coordonnées. Cette respiration modale n'est autre que ce qui laisse émerger ce que nous avons nommé nuance ou variation, source d'intensités singulières.

2016-2020

RÉFÉRENCES DES OUVRAGES CITÉS OU CONSULTÉS

Aristote, *Rhétorique*, traduction P. Chiron, 2007
Aristote, *Physique*, traduction P. Pellegrin, 2002
Bateson, G., *Vers une écologie de l'esprit II*, 2008
Barthes, R., *Le plaisir du texte*, 1973
Barthes, R., *Roland Barthes par Roland Barthes*, 1975
Barthes, R., *Fragments d'un discours amoureux*, 1977
Barthes, R., *Leçon inaugurale*, 1978
Barthes, R., *Comment vivre ensemble*, Cours au Collège de France (1976-1977), 2002
Barthes, R., *Le Neutre*, Cours au Collège de France (1977-1978), 2002
Blanchot, M., *L'Entretien infini*, 1969
Bonneuil, C., Fressoz, J-B., *L'événement Anthropocène*, 2016
Cronon, W., *Uncommon Ground*, 1995
De Certeau, M., *La Fable mystique 1*, 1982
Deleuze, G., *Différence et répétition*, 1968
Deleuze, G., Guattari F., *Mille Plateaux*, 1980
Derrida, J., *Of Hospitality*, 2000
Dewey, J., *L'Art comme expérience*, 2010
Dewey, J., *Le public et ses problèmes*, 2010
Esposito, R., *Immunitas. The Protection and Negation of Life*, 2011
Esposito, R., *Communitas. The origin and destiny of community*, 2010
Foucault, M., *La volonté de savoir*, 1976
Glissant, É., *Philosophie de la Relation*, 2009
Hache, É., *L'Écologie politique. Cosmos, communautés, milieux*, 2012
Harman, G., *L'Objet quadruple*, 2010
Heidegger, M., *Essais et conférences*, 1980
Heidegger, M., *Chemins qui ne mènent nulle part*, 1986
James, W., *Philosophie de l'expérience*, 2007
Jouannais, J-Y., *L'idiotie. Art, vie, politique - méthode*, 2003
Latour, B., *Enquête sur les modes d'existence. Une anthropologie des Modernes*, 2012
Latour, B., "Waiting for Gaia: Composing the Common World through Arts and Politics." (London: French Institute, November 2011), 11

Latour, B., "Why Has Critique Run out of Steam? From Matters of Fact to Matters of Concern" *Critical Inquiry 30*, University of Chicago, 2004

Latour, B., Hache, É., "Morale ou Moralisme ? Un exercice de sensibilisation. " Raisons politiques, 34, mai 2009, p. 143-166, Presses de Sciences Po

Laplantine, F., *Le social et le sensible. Introduction à une anthropologie modale,* 2005

Laplantine, F., *Je, nous et les autres,* 2010

Lapoujade, D., *Les existences moindres,* 2017

Michaux, H., *Plume,* Postface, 1985

Nancy, J-L., *Être singulier pluriel,* 2013

Nancy, J-L., Laurens ten, K., *"Cum"... revisited: Preliminaries to Thinking the Interval,* 2011

Neyrat, F., *Atopies. Manifeste pour la philosophie,* 2014

Rancière, J., *Aux bords du politique,* 1998

Rancière, J., *Le partage du sensible,* 2000

Simon, C., *Quatre conférences,* 2012

Simondon, G., *L'individu et sa genèse physico-biologique,* 1995

Sloterdijk, P., *Le Palais de cristal. À l'intérieur du capitalisme planétaire,* 2010

Sontag, G., *Duns Scot,* 2005

Tarde, G., *Monadologie et sociologie,* 1893 (réédition, 1999)

Tarde, G., *Les lois sociales,* 1898 (réédition, 1999)

Whitehead, A. N., *The Concept of Nature* (The Tarner Lectures 1919), 1995

Origine des textes revus pour la présente édition :

Which Narratives for the Anthropocene?, Model Transfer of Social Ecology in Asian Territory, ZzacBook, Séoul, 2015 (extraits) ; *Atopia & Aesthetics. A Modal Perspective,* Contemporary Aesthetics, Vol. 11, 2013 ; *Éléments pour une poétique du voisinage. D'après le film God Man Dog de Singing Chen,* revue Croisements, n° 4, 2014 (extraits).

Édition : BoD - Books on Demand,
12/14 rond-point des Champs-Élysées, 75008 Paris
Impression : BoD - Books on Demand, Norderstedt, Allemagne

ISBN : 978-23-22268-83-2
Dépôt légal : juin 2021
10 euros